投資信託　失敗の教訓

——成功の秘訣は「相場を予測しない」

まえがき

「Ｈｅａｌｔｈ（健康）＆Ｗｅａｌｔｈ（富）」という言葉があります。

「人生１００年時代」の現在、「長生き」をするということはお金も必要になります。からだの健康だけではなく、「経済面での健康維持」もいままで以上に重要になるという意味で使われている言葉です。

「長生き」が当たり前になりつつある日本では、働き方改革が進められ、多くの方たちの賃金は自然と目減りしていく可能性が高まっています。自分が働いて得たお金を銀行預金に貯めるだけでは、本当に「１００年時代」に備えられるのか、不安は募る一方です。

そこで、長期資産形成を後押しする、つみたてＮＩＳＡやｉＤｅＣｏ（個人型確定拠出年金）など、非課税制度が拡大し始めています。書籍や雑誌、ネット等で、資産形成や資産運用に関する情報も溢れていて、誰でも簡単に入手できるため、自分の力で「経済面での健康維持」をしようと動き出している方たちも増えています。

では、お聞きします。

実際に、日本で長期的に資産形成を実行し、成果を上げている人がどのくらいいるでしょうか？

残念ながら、日本の個人投資家の多くは損をしていたり、運用益は出ていても客観性のあるやり方を確立できていなかったりと、うまくいっていないのが実情です。

なぜ、長期資産形成・資産運用でうまくいかないのでしょうか？

長期投資を実現するには、投資理論を理解するだけではうまくいきません。実際には、長期投資を失敗させるさまざまな「壁」が存在するのです。

私は代表を務めるファイナンシャルスタンダード株式会社で、ＩＦＡ（独立系ファイナンシャルアドバイザー）の仕事をしています。オフィスには毎月、新規のご相談で１００名以上のお客様がいらっしゃいます。お付き合いいただいているお客様も合わせると、毎月500件ほどのご相談を受けています。

私たちはファイナンシャルアドバイザーとして、お客様に何をアドバイスすべきか、研究を重ねてきました。さまざまなご相談をお受けする中で、うまくいかない投資家のパターンが見えてきました。長期投資をスタートしたものの、運用を途中でやめてしまう原因もわかるようになってきました。

大勢のお客様と誠実に向き合い、実務を通じて学んできた、長期投資を失敗させる「壁」や、その「壁」にぶつからないようにするための方法を、評論家ではなく実務家の視点からお伝えしたく、本書を執筆しました。

数多くの実践から学んだ「生きた知恵」が、皆さんの長期資産形成・資産運用に少しでもお役に立てれば幸いです。

2018年4月、新緑の季節を迎えて

福田 猛

投資信託　失敗の教訓

目次

序章　投資信託、「成功の秘訣」は簡単！

第1章

なぜ投資信託で損をするのか！一括投資の罠

第2章 日米の資産運用を比較すると……

第3章 ゴールベースアプローチを知る・アドバイザーの存在を知る

第4章

一括投資のポイントは、良い戦略の投資信託を組み合わせること

第5章

下がってよし！上がってよし!!の、積立投資

column 5 ▼ 積立投資を続けるために 169

第6章

非合理的な行動を取るのが人間！ 長期投資の実現!!

第7章 自分に合った投資計画を立てよう！

章

投資信託、「成功の秘訣」は簡単！

評論家の解説書やネットの情報では本当に知りたいことはわからない

世の中には、資産運用や投資信託を解説した書籍が数多くあります。しかし、そのほとんどが**実務に携わっていない評論家が書いたもの**です。

ファイナンシャルプランナーなどの資格を持っていても、実際に資産運用を希望するお客様と接していなければ、わからないことはたくさんあります。

それは、〝理屈と現実〟には差があるからです。

私は、大手証券会社を経て、２０１２年に資産運用をアドバイスする会社「ファイナンシャルスタンダード」を設立しました。以降、３０００人を超えるお客様の資産運用のアドバイスに関わってきました。

その中で痛感したのは、書籍やネットなどで広められている投資手法はなかなか実行できないし、最も重要な視点が欠如しているケースが多いということです。

たとえば、インデックスファンドを一辺倒で勧めている人がいます。

✧インデックスファンドとアクティブファンドの違い

投資信託には、インデックスファンドとアクティブファンドがあります。インデックスファンドは、値動きが株価指数（日経平均株価など）に連動するように設計された投資信託です。

アクティブファンドは、ファンドマネージャーと呼ばれる運用担当者が中心となって情報収集を行い運用する投資信託です。株価指数などよりも高いリターンを狙います。

インデックスファンドを勧める評論家は、コストが低いことをメリットとして挙げています。投資信託のコストには、主に販売手数料と信託報酬があります。販売手数料は購入するときにかかり、信託報酬は保有している間、毎日、日割りでかかります。

確かに、**アクティブファンドに比べてインデックスファンドは平均的にコストが低く設定されています**。それには理由があります。

インデックスファンドは株価指数などに連動させればいいので、機械的な運用ができます。手間がかからない分、コストを低くできるのです。

それに対してアクティブファンドは、**情報収集や分析のために手間や費用がかかる**ので、どうしてもコストが高くなります。

〝コストが低い〟というメリットは、とてもわかりやすいので、飛び付く人が多いのですが、それでいいのでしょうか？　ここには、**何のために運用するのか？**　という最も重要な視点が欠けています。

資産運用をするのは、あなたや家族の夢を実現するためでしょう。そのためには、ライフプランを立てて、「いつまでにいくら準備するか」というゴール設定をしなければなりません。

ゴールがはっきりと見えていなければ正しい商品選択は不可能です。それを抜きにして「インデックスファンドがいい」と勧めるだけでは資産運用はできるはずがないのです。

また、実際に投資をする際には、複数の投資信託を組み合わせてリスク分散をしなければなりません。これをポートフォリオと呼びますが、ただ、何となく組み合わせているだけの人が多いです。単純に低コスト＝低リスクではないですし、低コスト＝高パフォーマンスというわけでもないのです。

米国人は本当に資産運用の知識があるのか

米国は日本よりも個人の資産運用が盛んだと言われます。実際に多くの人が長期の資産形成を計画的に行っています。なぜ、長期投資ができるのでしょうか。米国ではマネー教育がしっかり行われているからだという説もありますが、それは違います。

学校の授業でお金に関することも学びますが、それだけで実践できるものではありません。

日本でも大学の経済学部で金融を専攻すれば知識は身に付きますが、それで資産運用ができるかと言えば、そんなことはまったくありません。さらに言えば、**銀行で働いている**

人でも資産運用に成功している人は実はあまり多くありません。

つまり、実践的な知識について、日本も米国も大差はないわけですが、米国人の資産が大きく増えているのは確かです。


それは運用環境が良かったからだという人もいます。

米国株が好調であったのは事実です。代表的な米国の株価指数であるニューヨークダウは、２０１８年１月に最高値を更新しました。

米国債の価格もここ何10年と値上がりを続けてきました。それは、米国の金利が低下し続けていたからです。

つまり、米国では**株を買っても債券を買っても資産が増えた**という恵まれた運用環境にありました。

ただし、それだけでは説明できない部分があります。

資産運用で成功するために最も重要な要素は何でしょうか。多くの人は知識だと考えています。残念ながら、実は違います。

資産運用は、**知的作業である前に精神的な作業です**。２０１７年にノーベル経済学賞を受賞したのはシカゴ大学のリチャード・セイラー教授でした。受賞理由は「行動経済学の理論的発展に貢献した」ことです。

行動経済学を簡単に言うと、次のようになります。

「人間は非合理的な行動をする」

これを資産運用に当てはめると、**長期投資が重要だとわかっていても、短期売買をしてしまう**、そんなことがよく起こるのです。

米国では、古くから行動経済学が重視されてきました。ここに日本との大きな差があったのです。

非合理な行動をしないためには、精神力が必要になります。精神を支えるために理論や哲学が必要になります。

少しややこしい話になってしまいました。資産運用をするために哲学まで出てきては気が遠くなってしまいます。

投資で成功する秘訣は〝忘れる〟こと

しかし、心配はいりません。方法は簡単です。**投資をしていることを忘れる仕掛け**があればいい、それだけです。

日本の個人投資家が気にしているのは、短期的な話題ばかりです。「選挙で政権が変わるかもしれないから、この辺で1度売っておこう」とか、常に目先の予想で売り買いの判断をしてしまいます。

米国人にしても、自分で忘れる仕掛けを作っているわけではありません。ファイナンシャルアドバイザーがその役割を担っているのです。ファイナンシャルアドバイザーが個人投資家の精神面を支えることで、**投資していることを忘れさせている**のです。

もう少し具体的に言えば、ファイナンシャルアドバイザーは、顧客1人ひとりの資産運用を人生の一部に組み込みます。資産運用は特別なことではないからです。

つまり、資産運用を「する」か「しない」かではなく、生活の一部に組み込むことで必要以上に気にしなくてもいい状況を作っているのです。

ダイエットを実践するときのことを考えればわかりやすいかもしれません。誰でも理論は知っています。基本的には、食べすぎず、適度な運動をすればいいのです。そうすれば、理想的な体形を維持できます。

しかしながら、それがなかなかできません。簡単なのに、実践は難しいのです。今日だけは……と食べすぎてしまったりします。これが人間です。

英語の勉強も同じです。英語が話せたら……と思って、英会話学校に通ったり、本を買ったりして勉強をする人は少なくありません。しかし、長続きせずやめてしまいます。決して内容が**難しいわけではないのですが、続けることが難しい**のです。

つまり、〝できない〟ことを前提に考えておかなければうまくいきません。そこで必要になってくるのが、私たちのような実務家です。勉強をするだけではうまくいきませんから、専門家が横に並んで伴走する必要があるのです。

資産運用で成功するのはダイエットで成功するよりも簡単

しかも、資産運用はダイエットや英語の勉強ほど難しくありません。それほど時間を割く必要がないからです。

勉強をしても、実践をしなければ意味がありません。しかし、理論なき実践は無謀。勉強をせずに手を出すのは危険です。まずは、基本的な理論をしっかりマスターして、実行に移すことが大事です。

私たちがお客様にアドバイスをするときにまずお伝えするのは、2つのことです。1つは、**ゴールベースアプローチ**で資産形成をすること。もう1つは**安心と結果**です。

ゴールベースアプローチとは、目標を明確にして、目標達成のために最も有効な投資手段を実行することです。

安心と結果は、継続するために必要な要素です。毎日、運用資産の価格変動が大きいためハラハラドキドキしているようでは、長続きしませんし、思った通りの結果が出ていなければ、やはり続けるのは難しいです。

ダイエットにしても、英語の勉強にしても、資産形成にしても、実行するのは〝人〟です。人間は感情の生き物ですから、**やってはいけないとわかっていることでもやってしまう**ことがあります。間違いを犯します。

この感情を上手にコントロールできる方法こそ、資産運用を成功させる秘訣なのです。

ですから私たちは、人間は理論通りには行動できないことを前提に、プランを考えていかなければならないのです。

〝安心と結果〟についてもう少し説明します。多くの人は**リターンしか見ていません**。儲かったのか、損したのか、そこにしか興味がないのです。もちろん、結果は重要ですが、同時に途中の過程に安心感があることが絶対に必要です。投資に安心感は欠かせません。

図1をご覧ください。ファンドAとファンドBは結果的に同じ運用成績を上げています。結果という点では悪くありません。しかし、どちらのほうが安心して投資ができるか、と言えばAではないでしょうか。

図1　どちらの値動きが安心?

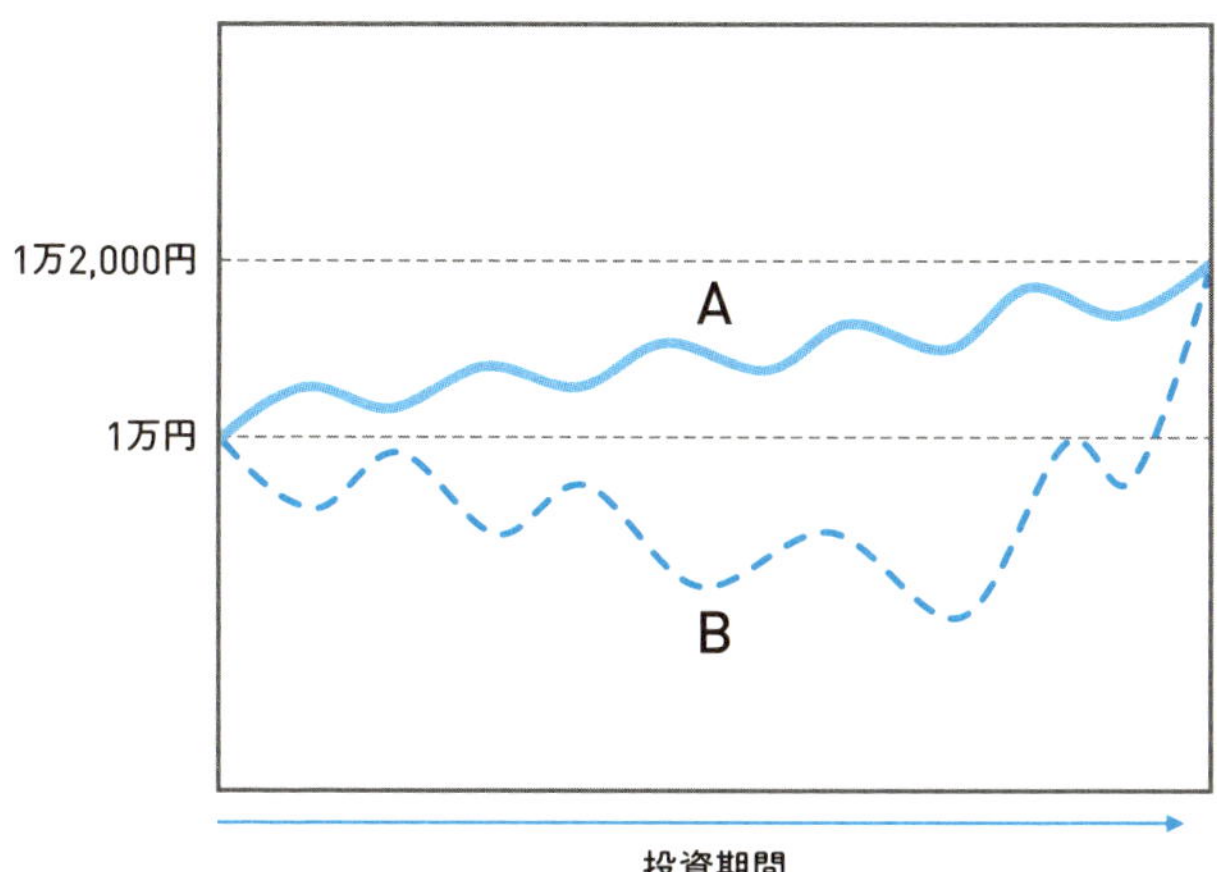

Bのように価格変動の大きいファンドでは、毎日価格の変化が気になってしまいます。すると価格が急上昇したときに、「いまのうちに売却しておいたほうがいいのでは?」と考えてしまい、短期間で売却してしまう投資家が多くなるのです。

短期投資では、うまくいきません。多くの人が損をします。

短期投資の場合には、銘柄の選定と売買のタイミングが投資の成否の多くの部分を決めてしまうからです。そうなると、相場を見極める必要があります。

「相場がこれから上がりそう」あるいは「この銘柄がこれから上がりそう」、と予測して投資をします。そして、**予測が当たらなければ利益が得られません**。損をしてしまいます。

相場を予測しない資産運用が成功する

しかし、**相場を予測するのはプロでも困難です**。ですから、私たちは、相場を予測する必要のない資産運用を提案しています。これこそが投資で成功する秘訣なのです。

新聞を見ても雑誌を見ても、資産運用の話になると、話題の多くは相場の予想です。

「来年の日経平均株価はどうなるのか……」「年後半の為替はどうなるのか……」、そんな話ばかりです。

数多くの専門家が持論を展開しますが、**見事に予想は外れます**。それは金融機関も同じです。金融機関で資産運用の相談をすると、相場見通しの話から始めるのが普通です。

ただ、それはあなたにも責任があるかもしれません。多くの人が、「結局は何を買えば上がるの？」ということだけに関心を持ってしまうからです。

かつての米国もいまの日本と同じ状況でした。１９８７年に公開された米国の映画『ウォール街』では、株式ブローカーが大活躍していました。彼らは顧客に電話をして「これ儲かりますよ」と勧め、売買手数料を稼ぐのが仕事でした。

それは過去のことです。米国では、ファイナンシャルアドバイザーが個人の資産形成のアドバイスをするのが一般的になったからです。

彼らは相場を語りません。ゴールベースに基づいたファイナンシャルプランニングを行い、それをしっかり実践していくことを基本にしています。

最近では「人生１００年時代」と言われています。人生が長くなれば、必要なお金も増えていきます。

お金を増やす最大の武器は労働ですが、限界があります。仮に80歳まで働くのが普通になったとしても、残り20年間は収入が得られません。

働き方改革で収入は減る可能性がある。ますます資産運用が必要に

政府は働き方改革を進めています。残業が減るのはいいことですが、生産性が上がらなければその分、収入も減ります。働くことは、最も確実にお金を増やす方法ですが、それだけでは人生に必要な資金を準備できなくなっているのです。

自分だけが働いても収入はそれほど増やせる時代ではありませんから、お金にも働いてもらうことが必要になっています。ダブルでお金を増やすのは、欧米では普通のことです。米国ではこれまで、退職年齢である60歳をゴールに設定してリタイアメントプランを作っていました。

しかし、人生１００年時代になると、60歳を過ぎても資産運用を続ける必要があります。80歳になっても90歳になっても……さらに言えば、生涯、資産運用を続けていくことを基

本にして、人生の一部に組み込んでいます。

すでにそういう時代になりました。日本でも「生涯資産形成」の時代が始まっています。

本書では、ネットや書籍では常識・定説とされている金融の知識に対して実務家の目線で問題点を指摘し、新しい考え方を提案できればと思います。そして一般的に言われている〝正しい投資法〟ではなく、〝あなたに合った投資法〟を考えていただければと思います。

投資信託　失敗の教訓――成功の秘訣は「相場を予測しない」

第1章

なぜ投資信託で損をするのか！一括投資の罠

買うと損する3つの投資信託

そろそろ投資を始めようか——。そう思ったときに、真っ先に検討するのは、投資信託ではないでしょうか。銀行やゆうちょ銀行でも扱っていますし、ネット証券のサイトを見れば、値上がりした投資信託のランキングなどが掲載されています。最も身近な投資商品と言えるでしょう。

投資信託は、1万円程度の少額から利用できますし、分散投資もできますから、好みや目的に応じて、さまざまな投資スタイルを実現することができます。私自身も投資信託は、資産形成の王道にふさわしい商品だと思っています。世界中の人々が投資信託を活用して資産形成を行い、大きな成果を上げています。

しかし、日本では投資信託を実際に買うとどうなるでしょうか。**多くの人は期待通りの成果を得ることができていません**。

「人気の商品だと聞いたのに、買った途端に値下がりした」

「安定していると言われたのに値動きが激しい」

私たちは日々、資産運用の相談を受けていますが、こんな声が絶えないのです。
実際に投資信託で「損をした」「損をしている」という人は日本中にたくさんいます。
投資の成果を測る公式はシンプルです。

価格×量

すべてこの公式で決まります。たとえば、株式投資なら保有している株式の「株価（価格）×株数（量）」で価値が決まります。投資信託の価格のことを基準価額と言いますが、投資信託なら保有している投資信託の「基準価額（価格）×口数（量）」です。

そして、投資には2つの方法があります。**積立投資と一括投資**です。積立投資は毎月コツコツ同じ金額ずつ投資し続ける方法です（詳しくは第5章）。

一方、一括投資とは1度にポンと投資をする方法です。金額は関係なく、10万円でも1000万円でも1度にポンと買うことを一括投資と言います。

それぞれにメリットやデメリットがあり、多くの人にとっては積立と一括を併用して運用を行っていくことが重要になります。しかし実際は一括投資のみを行い、（一括投資が悪いわけではないのですが、一括投資で）損をしている人が日本中にたくさんいるのです。**一括投資で損をしている人を分析すると、3つのパターンに集約されます。**ここから「一括投資で損をするパターン3つ」を詳しく説明します。投資信託の一括投資で損をしたことのある人は「なるほど」と感じられると思います。投資信託で損をしたことがない人も失敗しないために読んでみてください。

一括投資の罠❶

買った途端に下がる「テーマ型投資信託」の不思議

「買いやすい」テーマ型の投資信託

投資信託にはテーマ型と呼ばれる商品があります。たとえば、**AI（人工知能）や再生可能エネルギー、REITファンドなど、1つのテーマを決めて関連する企業に投資**する投資信託のことです。そのときどきに話題になっているテーマで投資信託が設定されます。

銀行や証券会社など、投資信託を販売する会社から見れば、テーマ型投資信託は非常に販売しやすい商品です。

なぜなら、テーマに話題性があるため、多くの人が関心を示すからです。多くの人が「**このテーマはいまが旬だから儲かりそうだ**」と考えます。運用会社（投資信託を作っている会社）は、多くの人が**関心を示しそうなテーマ＝たくさん売れそうなテーマ**を設定して投資信託を作るのです。

具体的な例で説明しましょう。

以前、中国株ファンドが話題になったことがあります。これは、中国株に投資する投資信託ですが、これも一種のテーマ型投資信託と言えます。どのような経緯をたどったのか、簡単な図にしました（図2）。

線は中国株の株価の値動きを示しています。

Aの時点では中国株の株価が低迷しています。この時期は話題性がなく、興味を示す人も少ないので投資信託を発売しても売れません。

その後、株価が上昇を始めると、中国株が注目され始めます（Bの時点）。新聞や雑誌

図2　中国株の値動きとテーマ型投資信託

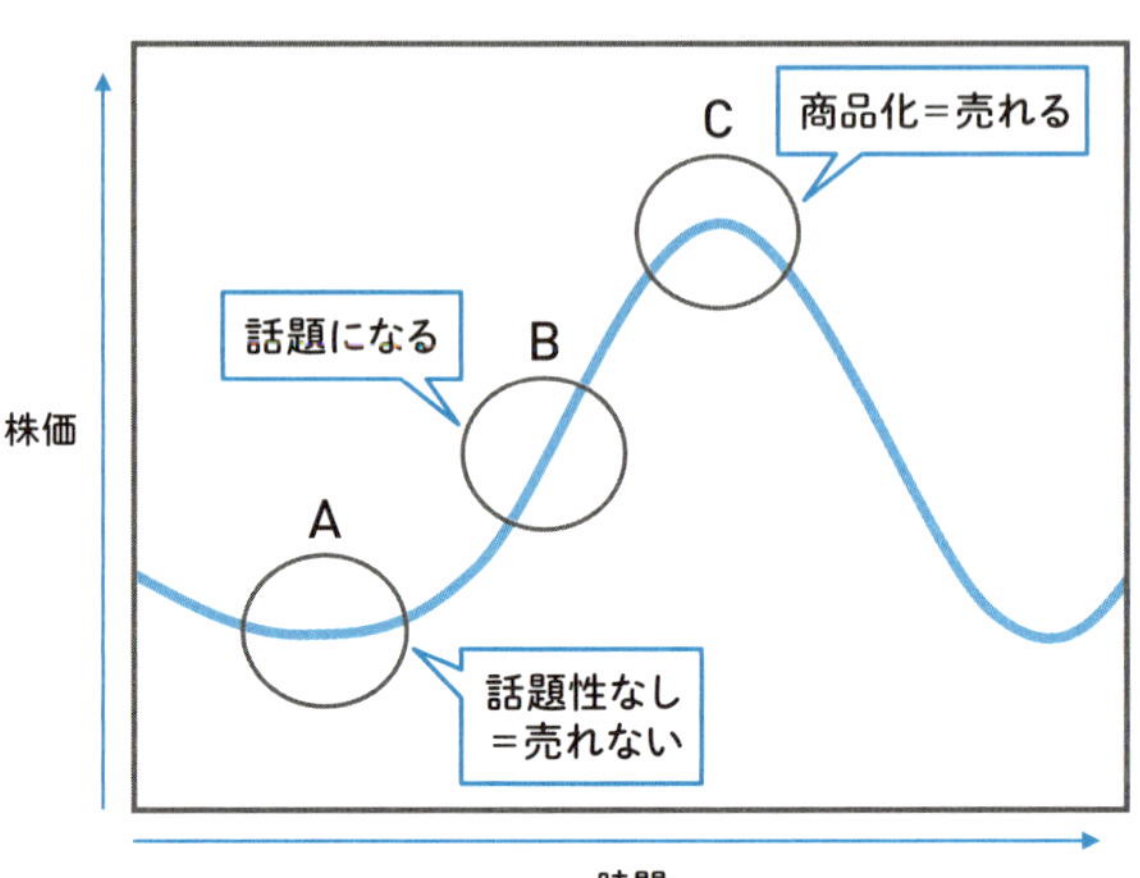

でも取り上げられるようになり、話題になっていきます。

運用会社は**「これなら売れる」と判断して、中国株ファンドの販売準備を始めます。**

しかし、実際に中国株ファンドとして販売をするまでには、時間がかかります。結果的にCの時点で設定されるケースが増えます。

この時点で株価はピークを迎えますが、それがわかるのは、しばらく経ってからです。実際にCの時点では「まだまだ上がる！」と市場は盛り上がっています。**話題性も増して、中国株ファンドは大いに売れるでしょう。**

みんなが「良い！」という投資対象はすでに価格が上昇しており、割高になっていたり、バブル化しているものもあります。そんなタイミングで投資をしたら良い結果にはなりにくいですよね。

株価が下がり始めたら、Aの時点やBの時点で中国株に投資して、利益が出ている人の中には**「いまのうちに売却して利益を確定しよう」**と考える人も出始めます。売却する人が多くなれば、株価が下がります。

すると、こう心配する人が増え始めます。

「これ以上、下がったら利益が少なくなってしまう……」

結果的に慌てて売却する人も出始めて、さらに株価が下がることになります。そして、株価が下がる↓売る人が増える↓株価が下がる……、というスパイラルに陥ります。

こうなると、株価はどんどん下がっていき、Cの時点で中国株ファンドを買った人は、損をすることになるのです。

儲かったのは、たくさん投資信託を販売して手数料を稼いだ金融機関だけとも言えそう

です。

実際、中国株は2001年から2007年にかけて大きく上昇しました。図で言えば、Aの時点が2001年、Cの時点が2007年です。

いま考えれば、2001年に購入して2007年に売却すれば大きな利益を手にできました。ただ、これを判断するのはプロでも難しいのですが……。

専門家でも予想は外れる

Aの時点の2001年当時の状況を振り返ると、こんなふうになります。

2000年にITバブルが崩壊して、世界中で株価が下がっていました。特に**新興国不安が広がっていた**のです。たとえばアルゼンチンは、借金を返済できないという債務不履行に至り、国家が破たんの危機に陥りました。

当時の中国は、新興国の1つでしたし、株価は低迷していました。そんなときに、

「新興国はいずれ成長するから、買っておいたほうがいいですよ」

と言われたら、あなたは買いますか？　買いませんよね？　他の人も同じです。

なので、中国株に投資する投資信託を発売してもほとんど売れないでしょう。

一方で、2007年はどうだったでしょうか。当時の新聞を開くと、景色がまったく違います。**「中国GDP成長率が10何%」**という見出しが毎日のように掲載されていました。また、書店へ行けば中国株の本のコーナーができていました。

ネット証券の投資信託ランキングを見ると、**上昇率のトップ10がすべて中国株関連**だったこともあります。ランキングは過去の価格のデータを使っていますから、2007年時点では中国株ファンドが隆盛を極めていたわけです。

翌年の2008年には、北京オリンピックが控えていましたので「あと1年は上昇する」と言っていた専門家も多かったのです。ところが、2007年秋にピークをつけた中国株は、その後、下落していきました。

図3は、中国の代表的な株価指数「上海総合指数」の推移です。これを見ていただければ一目瞭然でしょう。

2006年くらいから急激に上昇し、2007年の後半にピークを迎え、その後は急落しています。

図3　上海総合指数の推移

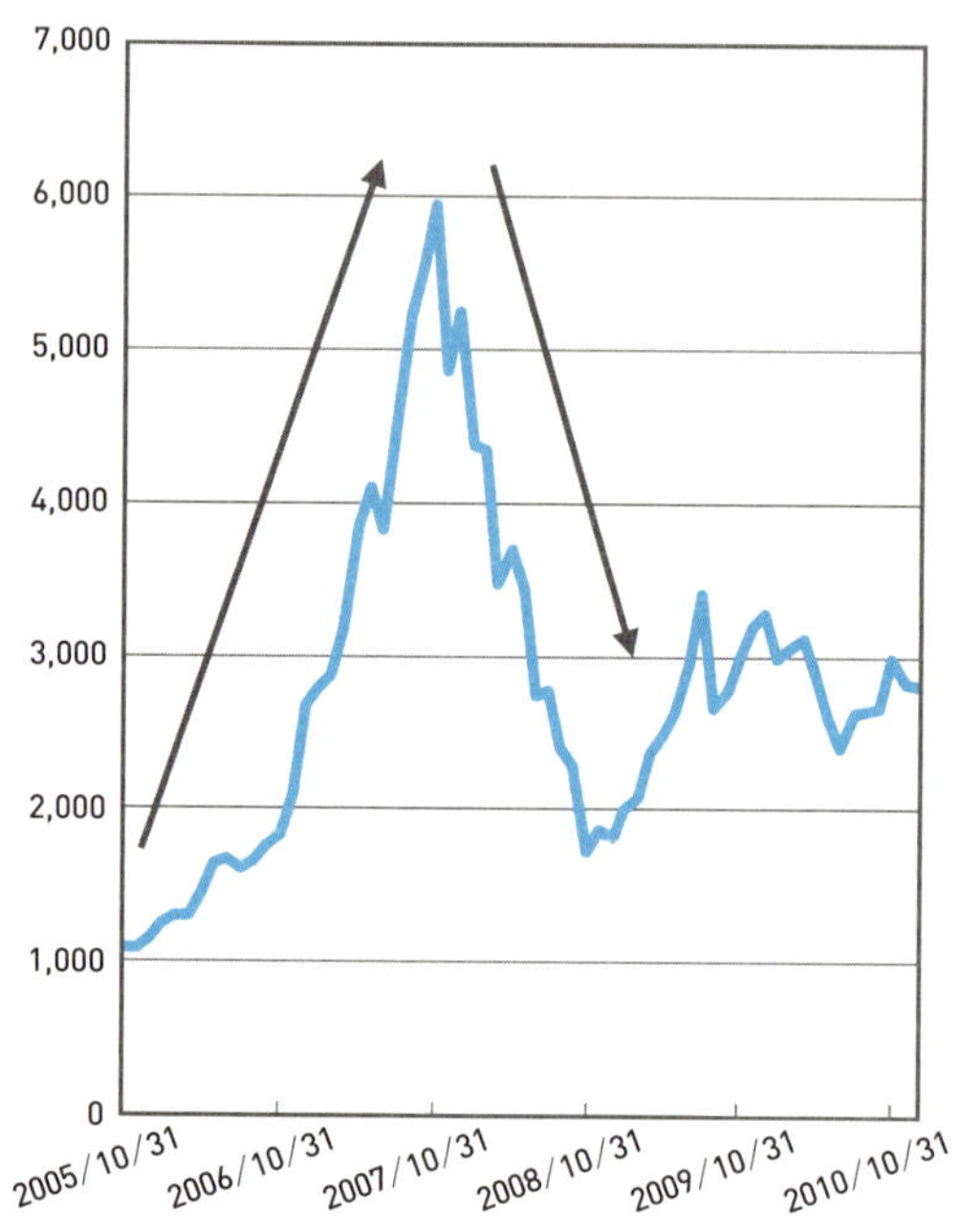

出典：ブルームバーグ

株価がピークに達した2007年11月に設定された中国株ファンドの行く末も見てみましょう。

図4は、ある運用会社の中国株ファンドです。2007年11月30日に設定されています。**投資家から集めたお金の残高を純資産額**と呼びますが、この投資信託は販売開始時点で約270億円の資金を集めています。

これは新規設定の投資信託としては大きな金額です。

さらに、**約2カ月間で純資**

図4　ある中国株ファンドの基準価額と純資産額の推移

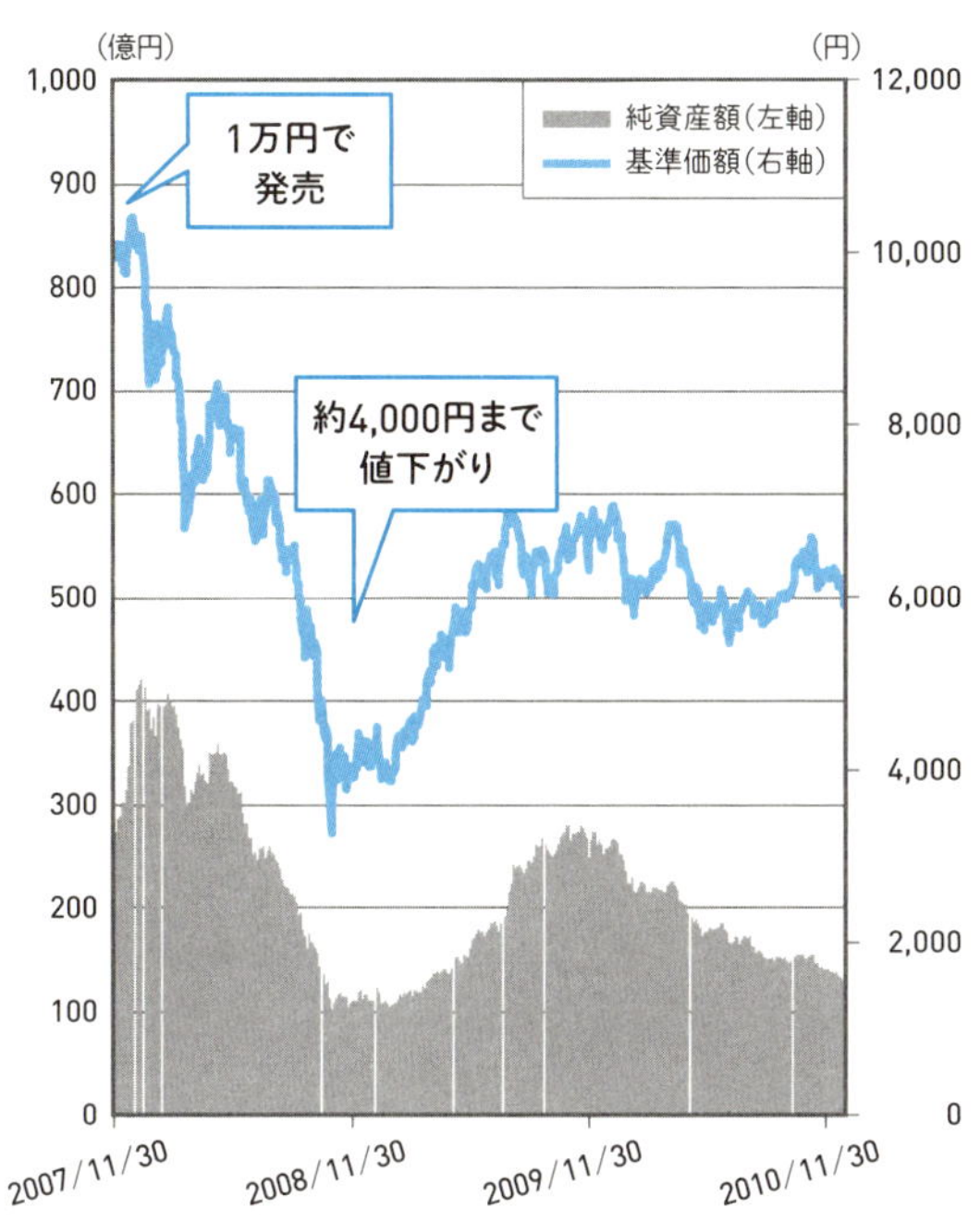

出典：ブルームバーグ

産額はさらに410億円まで増加しました。

では、価格はどうでしょう。先ほども説明しましたが、**投資信託の時価を示す価格を基準価額**と呼びます。

その基準価額は、投資信託の設定以降、一気に下落していきます。

設定当初＝1万円だった基準価額は、1年後の2008年11月末には約4000円まで下がっています。約60％の値下がりです。

多くの人が、耐え切れずに売却してしまったのではないでしょうか。仮に5年後に元の価格まで戻ったとしても、投資期間中はとても不安に思うことでしょう。

「新商品」と「人気商品」は買ってはいけない

これは一例にすぎません。ポイントは、**新商品と人気商品には、注意が必要だという教訓**です。

新商品とは何かと言えば、**「企業が売れると思って作る新しい商品」**のことです。どの業界でもそうですよね。

では、何を根拠に売れると思うのか。企業は市場調査（マーケティング）を行います。たとえば、2007年当時に100人の投資家にアンケートを取ったとします。「もしいま、あなたが投資するなら何に投資しますか」という質問だったらどうでしょう。

多くの人は、中国株にチェックを入れるはずです。毎日のように新聞やテレビで中国の経済発展のニュースが出ていて、話題沸騰だったからです。そんなタイミングで、中国株で運用する投資信託を設定すれば飛ぶように売れます。

しかし、冷静に考えていただくとどうでしょうか。投資の世界で、みんなが良いと言っているものを後から買うことほど危ない話はないですよね。すでに価格には織り込まれていて、後は下がってしまう可能性が高まります。

人気商品はさらに注意が必要です。人気とは、＝みんなが買っている、ということです。みんなが買っている投資対象を後から買うことほど危険なことはありません。**投資の世界の鉄則**です。

「人気がある」という時点で価格は上がっているはずですから、後は下がるケースが多いのです。

金融機関からテーマ型で「これは人気です」と言われたら、＝危ない商品だ、と思わなければならないのです。

こんな例もあります。

２０１４年に、多くの新商品が発売されたテーマ型投資信託にシェールガス・ＭＬＰ関連のファンドがあります。当時は「シェールガス革命」という言葉が毎日のように新聞やテレビをにぎわせていました。

「米国でシェールガスやシェールオイルがどんどん採掘できるようになった」

「米国はこれでエネルギー輸入国から輸出国に変わる」

「米国はエネルギーで今後３００年困らなくなる」

こんな内容です。

歴史を振り返ると大英帝国の時代以降、エネルギーを制した国が世界を制してきたのは確かです。20世紀は石油を制した米国の時代でしたが、21世紀も米国がエネルギーを制することになれば、まだまだ米国の時代が続くことになります。

そんな思惑から**「シェールガス関連ファンドを買えば資産を増やせる」**と主張する専門家もたくさんいたのです。

実際はどうだったでしょう。シェールガス関連ファンドが数多く発売された２０１４年が価格のピークでした。世界的なエネルギー価格は、そこから暴落して、投資信託を買った人も大きく損をすることになったのです。

図5はシェールガス関連ビジネスを手掛ける、世界の企業の株式に投資する投資信託です。話題沸騰だった２０１４年に投資家からのお金が集まり、純資産額が増えていきます。

図5　シェールガス関連株ファンドの基準価額と純資産額の推移

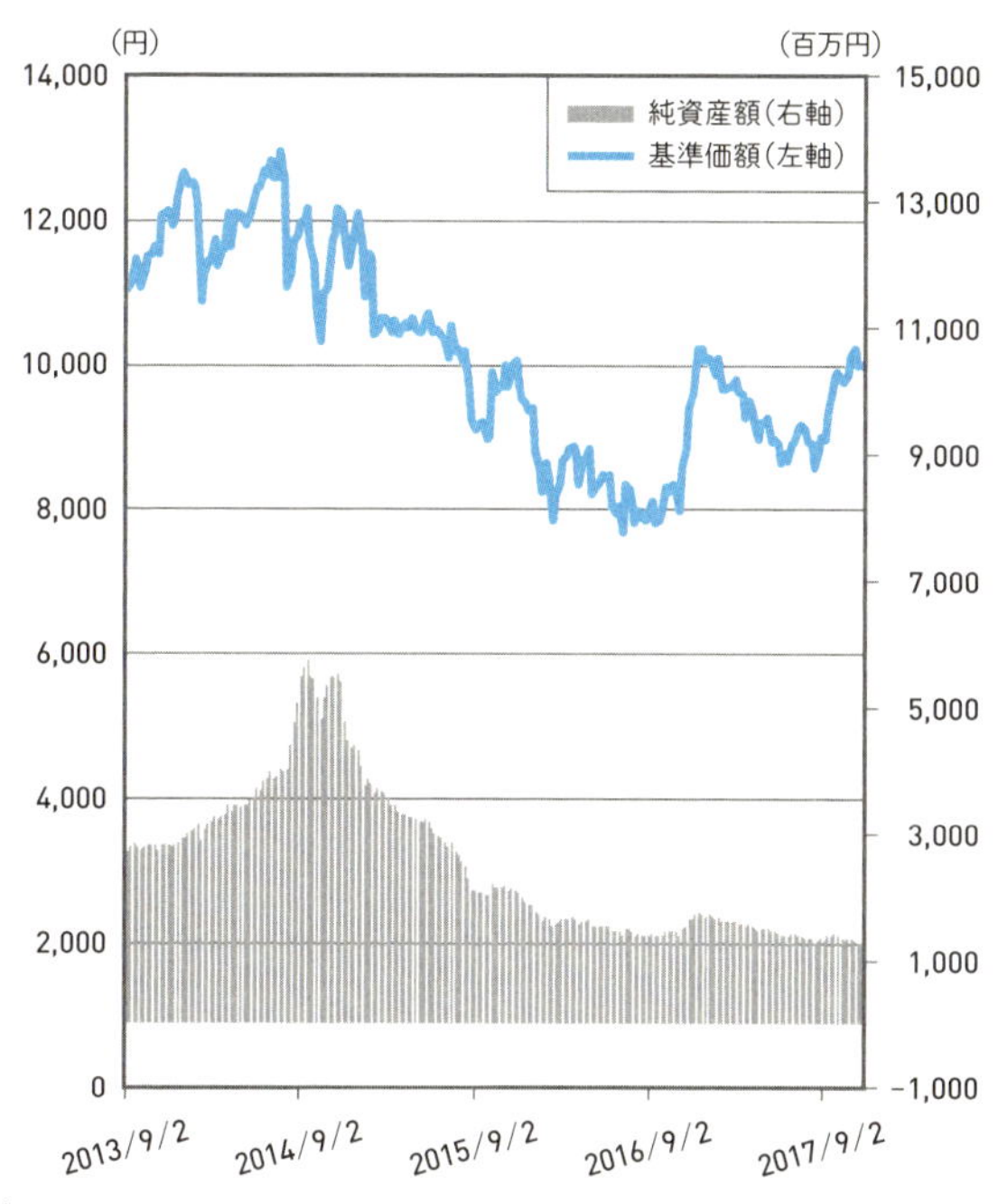

出典：ブルームバーグ

しかし、2014年後半から基準価額はじりじりと下がってしまいました。

人気がピークに達した2014年の半ばでこの投資信託を購入した人の基準価額は1万2000円程度ですから、その後、大きく下落したことがわかります。

人気商品に裏がある、というのは何も資産運用の話に限ったことではありません。たとえばアパート建築で話題のサブリースや相続対策。元本保証で20年後には○%増えている保険商品。これらも投資家が投資に踏み切るバーを低くするための企業の戦略です。販売しやすい商品なのです。

テーマ型投資信託はヒツジの皮をかぶったオオカミ

テーマ型投資信託が危険なのは、形を変えて繰り返し出てくることです。本当はオオカミ（買ってはいけない）なのに見た目はヒツジの姿をしています。すごく良く見えるのです。だから思わず買ってしまう。オオカミがヒツジの皮をかぶって出てくるので、多くの人が騙されてしまうのです。

最近で言えば、ＡＩ関連のファンドが数多く発売されています。事実、日本中で売れています。ＡＩの市場がこれからどんどん拡大していくことは、誰が見ても間違いないでしょう。ＡＩ業界が拡大するからＡＩ関連企業の株価も同じように上昇していくと思いがちです。

しかし、ＡＩ業界が拡大することと、ＡＩ関連企業の株価が上がるということは、関係がありません。ＡＩ関連企業と言えば、世界中に何万社もあります。新規参入も激しい業界です。それらの企業が**ＡＩ関連というだけで株価が上昇しています**。赤字にもかかわらず、株価が上がっているところもあります。

割高に評価されている企業が多いことでしょう。ＡＩ関連企業は今後、淘汰されていくはずです。そのときに株価が暴落する企業も多いはずなのです。

さらに、投資信託に組み入れている銘柄にも問題があります。ＡＩ関連として人気のあるファンドの中身を見ると、**トップ10にトヨタ自動車が入っていたりします**。トヨタ自動車をＡＩ関連企業と言うなら、大企業ならだいたいＡＩ関連になってしまうでしょう。

確かに、トヨタ自動車もＡＩ関連の開発をしています。しかし、その分野で利益が出るところまではいっていません。ＡＩ関連とアピールしたほうが投資信託は売れますから、金融機関はそう言っているのです。

つまり、ＡＩとつくだけで株価が割高になっている企業や、実際に売上の５％も占めていないような企業をＡＩ関連企業と呼んで投資をするのはどうかと思うのです。

一括投資の罠 ❷

「毎月分配型」の問題点は、運用効率の悪さだけではない

毎月分配型の投資信託はなぜダメなのか

2つ目の罠は、毎月分配型の投資信託です。

分配金を毎月受け取れる投資信託ですが、とても人気がある一方で**批判されることも多い商品**です。

おそらく100人の専門家がいれば、99人が「良くない」と言うでしょう。

その理由は、分配金の出し方にあります。分配金と言われれば、多くの人は利益の一部が分配されていると考えます。

ところが、元本を取り崩して分配をしているファンドが少なくないのです。

たとえば、1万円の投資をして1000円の分配金を受け取ったら、元本が9000円になっているのと同じです。これを分配金と呼んでいいのでしょうか。自分のお金を取り崩しているにすぎません。

ですから多くの専門家が批判するのです。

毎月分配型には、もう1つの問題があります。それは投資効率が下がってしまうことです。

資産運用の醍醐味の1つに**複利運用効果**があります。

たとえば、1万円を投資して1年後に5%のリターンが得られると、1万500円になります。すると、2年目の元本は1万500円です。2年目にも5%のリターンが得られると、利益は1万500円×5%で525円になります。

同じ5%のリターンでも1年目には500円の利益しか得られませんが、2年目には525円が得られるのです。

これは、得られた利益を元本に加えて運用をしていくことで得られるメリットです。こ

図6　単利と複利

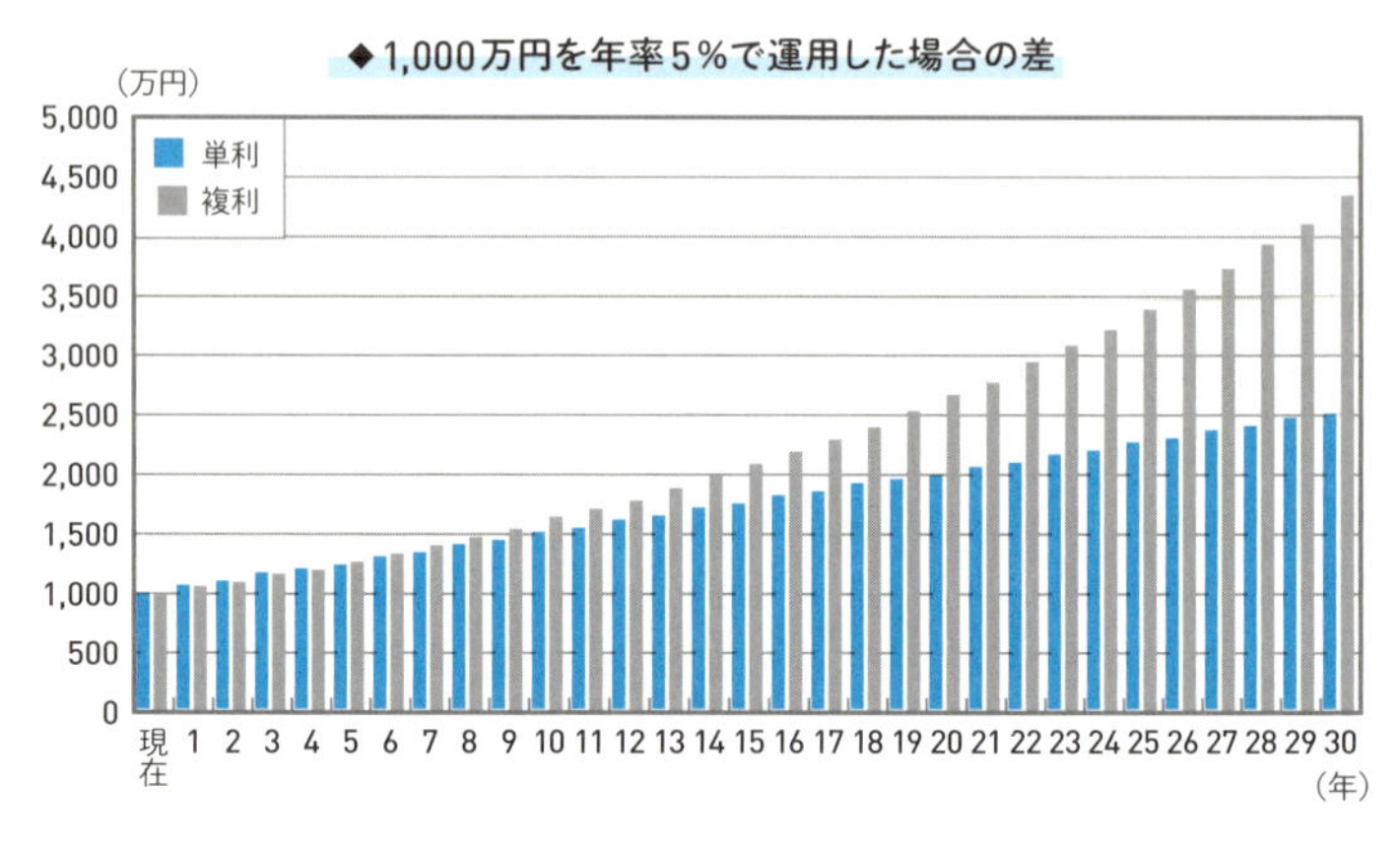

れを複利運用効果と言います。年数が長くなれば、この差は広がっていきます。

しかし、利益を分配金として受け取ってしまうと、この効果が得られません。５％のリターンで得られる利益はどこまでいっても５００円です。これを単利運用と言います。

図６は元本１０００万円を年率５％で運用した場合の単利と複利の差です。単利運用では１年に50万円ずつ増えていきますので（税金は考慮していません）、10年後には１５００万円になります。それに対して、複利運用の場合には約１６２９万円になり、その差は１２９万円にもなります。

単利と複利の差は、元本の増加にともなって拡大していきます。20年後には単利運用の場合２０００万円に対し、複利運用は約２６５３万円、30年後には単利運用が２５００万円に対して、複利運用は約４３２２万円と大きな差になっていきます。

複利効果のありなしは、資産形成の計画に大きく影響します。ですから、これから資産形成をしていこうという世代にとって毎月分配型の投資信託は向いていません。

ただし、すべての人に毎月分配型の投資信託が向いていないわけではありません。

すでにリタイアして保有資産を取り崩しながら生活をしている人もいます。そういった世代の人にとっては、複利効果が得られなくても、元本を取り崩しても、定期的に分配金を受け取る意味はあります。

相場が下がるときに毎月分配型を買ってはいけない

運用の目的によっては、毎月分配型の投資信託も選択肢になり得ます。**問題は、多くの人が毎月分配型投資信託の選び方を間違えていること**です。

毎月分配型の投資信託の選び方は、ただ1つだけです。まず、投資対象を見ます。そして、投資対象の価格が未来に向かって上がるのか下がるのかを予想します。

上がると考えるなら購入してもいいのですが、下がると考えるなら購入してはいけません。

その理由は、**毎月分配型投資信託は、すべてフル投資型投資信託だからです。**

フル投資型というのは、常に100%の資金を投資対象に振り向けているということです。

たとえば日本株の投資信託であれば、運用担当者であるファンドマネージャーは、投資家から預った資金を常に100%日本株で運用しています。これがフル投資型です。

すると、相場が上がっているときはいいのですが、下がっているときは投資信託の価格も下がります。

2012年以降、アベノミクスで日経平均株価は1万円から2万円に上がりました。このような時期は、毎月分配型でもいいのです。

なぜなら価格が2倍になっている投資対象にフル投資をしていますから、増えた部分から分配金を支払うことができます。投資信託の価格も下がりません。

日経平均株価はその後、約2万８００円まで上昇して、以降は約1万５０００円まで落ち込みました。このときもフル投資です。株価が下がれば投資信託の価格も下がります。そんな状況で元本を削りながら分配金を支払えば、さらに投資信託の価格は下がります。こういう時期に毎月分配型の投資信託を買ってはいけないのです。

このように、毎月分配型の投資信託を購入するときには未来の予想が必要です。では、未来を予想することはできるのでしょうか。不可能とは言い切れませんが、極めて難しいのは確かです。

２０１６年の米国の大統領選で、トランプ氏が当選すると誰が予測したでしょうか。あらゆる専門家が「トランプはあり得ない」と言っていたはずです。

これは予想を外した専門家が悪いのではなく、予想とは外れるものなのです。一般の人が予想するよりも専門家が予想したほうが当たる確率は少しだけ上がりますが、ただそれだけのことです。

年利回り20％のファンドの実態は……

未来の予想が難しいのは、投資の世界でも同じです。毎月分配型の投資信託で人気の投資対象にはＲＥＩＴ（不動産）や新興国、米国ハイイールド債券などがあります。いずれも**価格変動が大きいものばかり**です。

その**未来を予想するのは、さらに困難**です。予想が外れれば大きく損をします。

具体例も見てみましょう。

米国のＲＥＩＴに投資するファンドがあります（図7）。このファンドは２０１６年11月頃資金流出に転じています。解約ラッシュが続いていますが、一時期は相当な人気があったため、現在でも残高ランキングで上位を維持しています。

これだけ人気を博したのは、分配金の額が大きかったからです。このファンドに１０００万円を投資したら一時期は年間に分配金が２００万円以上受け取れました。利回りにして20％以上です。この時点で「おかしい」と思ってほしいのですが、この分配金が理由でよく売れました。

図7　米国のREITに投資するファンド

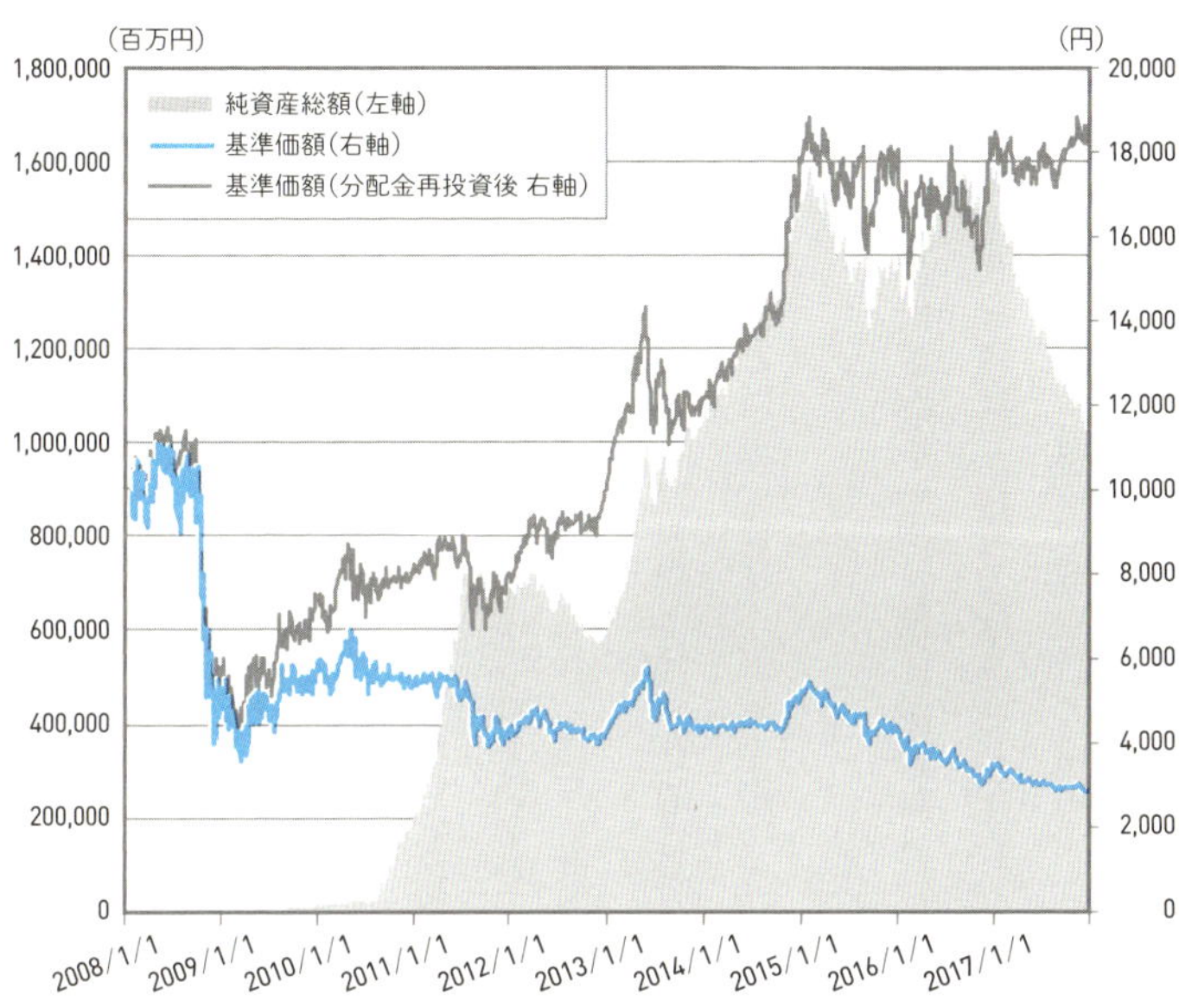

※2018年4月時点の分配金：1万口あたり**25円**
　そのうち2017年3月〜2017年9月の配当等収益の平均(割合)：**7円**(28%)
出典：ブルームバーグ

　では分配金の原資はどこから出ているのでしょうか。それは投資対象を見ればわかります。商品名にもなっている「US-REIT」、つまり、米国の不動産です。とすれば、最終的に米国の不動産から得られる家賃収入が分配金の原資になっているはずです。

　仮に毎月10万円の分配金を受け取っているとすれば、家賃収入はそのうちのどれくらいを占めているでしょうか。「すべて家賃収入では？」と思う人もいるかもしれませんが、実は違います。

配当等収益を見ると、分配金のうち28％は家賃収入です。10万円の分配金を受け取ると、２万８０００円が家賃収入から払われています。残りの７万２０００円はどこから支払われているのか。それは、**投資家の元本を取り崩しているだけ**なのです。

おかしな話です。仮に銀行に１０００万円を預金して10万円の利息を受け取ったら、残高が９９０万円に減っていたようなものです。そんなことがあったら、誰でも怒るのではないでしょうか。

ですから、投資信託の分配金は、普通に考える分配金とは意味が違うのです。**株式の配当や預金の利息とは違います**。元本を取り崩して支払ってもいいのが投資信託の分配金です。

それでも分配金が多い投資信託が売れているのです。そこを勘違いしてはいけません。

ここで重要なのは、元本の取り崩しが悪いわけではありません。前述のようにリタイアした人が元本の取り崩しを理解して利用する場合もあります。それよりも問題なのは、ハイリスクな投資対象にフル投資をしていることを投資家が理解していない点です。

現在、日本で人気の毎月分配型投資信託の投資対象を見ると、ＲＥＩＴ、ハイイールド債券、新興国株式といった価格変動の大きいハイリスク商品ばかりです。そもそも毎月分配型投資信託を購入する投資家は、このようなハイリスクな投資をする必要があるのかを考えなくてはならないのです。

一括投資の罠③ 信じて託すと損をする「フル投資型」

投資信託には運用ルールがある

一括投資で損をする３つ目の罠は、フル投資型の投資信託です。この話は毎月分配型のところでも登場しましたが、改めて詳しく紹介します。

投資信託は一商品ごとに運用ルールが決められています。

たとえば運用会社が「投資対象は日本株で、こういう方針で運用します」と詳細に決めます。

また、運用ルールは自由に決められるわけではありません。投資信託協会がガイドラインを定めています。正式には「投資信託等の運用に関する規則」と言います。ガイドラインの1つに**「投資信託の信託財産の総額の2分の1を超える額を有価証券に対する投資として運用することとする」**という文言があります。

わかりやすく言えば、こうなります。

仮に日本株に投資する投資信託であれば、資産の50％以上を常に日本株で運用しなければならないのです。

逆に考えれば50％まででであれば、投資家から託されている資産を現金で持っていてもいいということになります。相場が悪いときに資産の100％を日本株に投資していれば、大きく目減りしてしまいます。そのようなときには、50％までを現金化して様子を見る（投資家から預った資産を守る）ことができるのです。

価格が下がっても〝優秀〟と言われるベンチマーク運用

図8　投資信託協会ルールのイメージ図

※下げ相場の場合

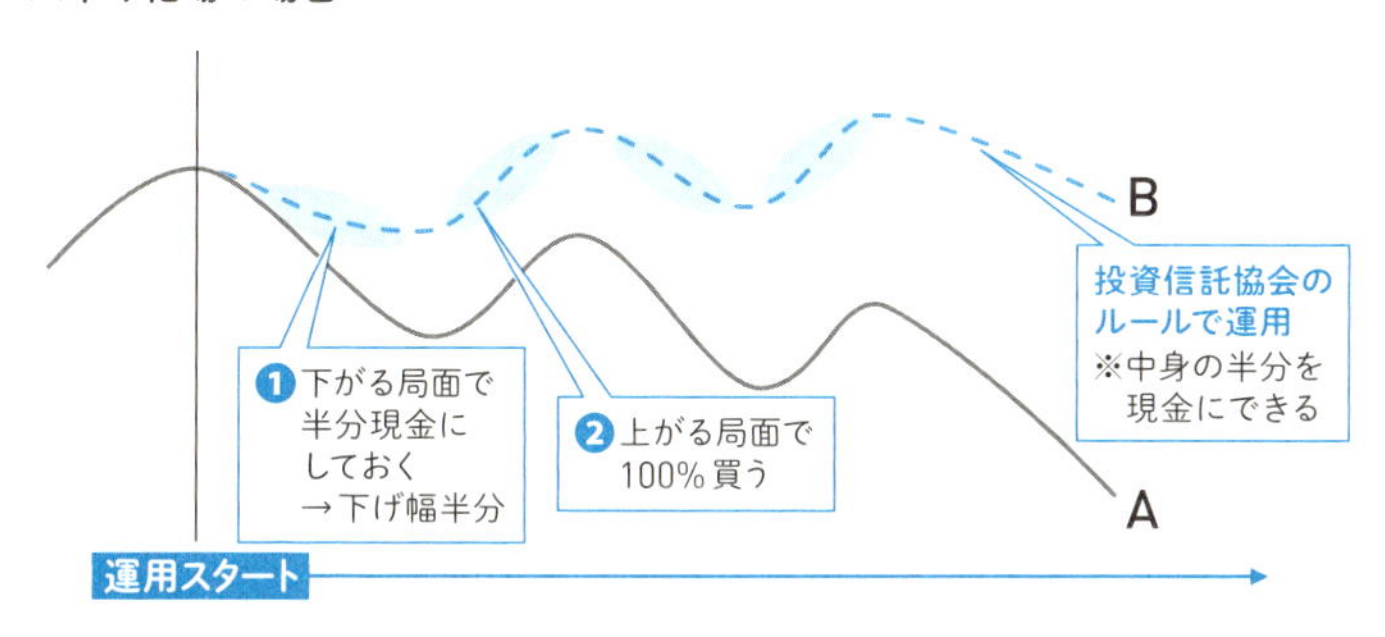

相場が図8のAのように動いた場合で考えてみましょう。もしあなたがファンドマネージャーとして運用を担当していたら、投資家から託されているお金をどのように運用しますか。相場がAのように下がる場合、資産の50％を運用せずに現金化しておいたほうが損失を回避できます（❶）。

100％を運用していた場合と比較すれば、損失を半分に抑えることができるのです。

現金を持っていると、もう1つメリットがあります。それは、相場が下がり切って上昇に転じるときに、持っている**現金を利用して株価が安いときに株式を買うことができる点**です（❷）。

相場が再び下がる局面になれば、再び50％を売却することで下げ幅をまた半分で留めることができます。結果的に投資信託の価格はBのような動きになります。

しかし、実際の投資信託を見ると、**Aと同じような値動きをしてしまうのがほとんど**です。相場が下がると、それに合わせて投資信託の価格も下がってしまうのです。

その裏には「フル投資ルール」があります。前述のように投資信託協会のガイドラインでは資産の50％までを現金化できることになっていますが、**ほとんどの投資信託は投資家から託されている資金のほぼ１００％をフル投資すると社内規定で決めているのです。**

「この先、相場が下がりそうだから、現金化しておいたほうがいいな」とファンドマネージャーが思っても、それができないのです。

一見、投資家のメリットにならないフル投資のルールを社内規定でわざわざ設けている理由は何でしょうか？（フル投資については51ページのコラム①で解説します）

フル投資型投資信託は投資家から１００万円託されたら１００万円以上に増やすことを目指すのではなく、投資対象の市場平均（ベンチマーク）を上回ることを目指しているからです。

ベンチマークとは、日本語で「基準」あるいは「指標」を意味する言葉です。日本株に投資する投資信託の場合、ＴＯＰＩＸ（東証株価指数）などをベンチマークに設定します。

ファンドマネージャーは**ＴＯＰＩＸの値動きを指標**として、それを上回ることを目指して運用するのです。

ＴＯＰＩＸは１００％株式で構成されていますから、フル投資です。よって、ＴＯＰＩＸをベンチマークにする投資信託もフル投資型になります。

ＴＯＰＩＸを上回る運用を目指すと言われれば、利益が得られるような気がするかもしれません。しかし、そうとは限らないのです。

たとえば、ＴＯＰＩＸが30％下がったときに投資信託が27％下がったとしたら、その投資信託は成績が〝優秀〟ということになってしまいます。

投資信託は〝信じて託す〟商品だと言われます。それは、ファンドマネージャーが投資家の代わりに運用する商品だからです。

しかし、フル投資型の場合、相場が下がれば投資信託の価格も下がってしまいます。**下がり方がベンチマークよりも少しマシなだけ**、なのです。

つまり、相場が下がりそうなときには、信じて託している場合ではありません。投資信託を売却して自分で現金化しなければ、資産を守ることはできないのです。

こうお伝えすると、フル投資型は最悪な商品のように聞こえると思います。しかし、運用の仕方によっては、フル投資型は大変有効です。たとえば、第5章で解説する投資信託積立を長期で行う場合はまさにフル投資型が有効です。積立は下がるときはしっかり下がってくれたほうがよいのです（詳しくは第5章で説明します）。

多くの個人投資家は、投資信託を「プロのファンドマネージャーが運用してくれる」と考えて、一括投資で単独の商品を購入しているのではないでしょうか。しかし、フル投資型投資信託は相場が下がるときに市場と同じように下がるため、自分で買うタイミング、売るタイミングを考えないといけなくなるのです。


以上の3つが投資信託で損をする主な理由です。**運悪く3つの要因が重なってしまうととんでもないことになってしまいます。**

それでもなお毎月分配型の投資信託を保有し続けたい投資家のお客様に、私は次のように質問しています。

「いま保有している米国ＲＥＩＴファンドの分配金がなくなっても、いまの投資信託に投資し続けますか」

するとたいていのお客様は、「分配金がないなら別の商品に投資をする」とおっしゃいます。

つまり、米国の不動産市場が良くなると考えていまの投資をしているのではなく、分配金を見て投資をしてしまっているということです。


では、どうすればいいのか。損をする要因を回避するために取るべき行動は、分散投資です。分散の方法には主に、〝時間の分散〟〝資産の分散〟〝地域の分散〟〝通貨の分散〟があります。

分散投資については、第4章で詳しく紹介しますが、その前にぜひ理解していただきたいことがあります。それは、「日米の資産運用の違い」と「ゴールベースアプローチ」です。この2つを知っていると、分散投資の意味がより深く理解できます。

ですので、第2章で日米の資産運用の違い、第3章でゴールベースアプローチを解説します。

第1章のまとめ

投資信託に一括投資をして損をするケースは、次の3つの特徴のある商品を購入しているケースが多い。

① **テーマ型投資信託**
② **毎月分配型投資信託**
③ **フル投資型投資信託**

＊

人気商品や新商品というものは企業がマーケティング戦略を行い、投資家に販売しやすい商品ということであり、そうした商品はすでに割高だったり、注意すべき点が多く存在するということを忘れてはならない。

column 1

フルインベストメント（フル投資）

読者の皆さんは、「フルインベストメント」という用語をご存じでしょうか。

その意味するところは、ファンドの資産（資金）をフル（full）に投資する。つまり、現金で持っていないで（現金比率をできるだけ抑え）、ファンド資産の100％近くまで証券を組み入れるという基本姿勢のことです。

この基本姿勢によって、株式組み入れ比率は常時9割以上を維持しているケースがほとんどです。この比率は株式市況に関係なく、常に高い比率を維持しています。

そのため、多くの個人投資家の方たちは、次のような疑問を運用会社に持つことがあります。

「運用を担当するファンドマネージャーが株式市場の下落を想定する場合、なぜ株式投資比率を下げてくれないのだろうか？」と。

その疑問に対する答えは、次のようになります。

投資信託購入者は投じた資金を増やしてほしいと望んでいるのに対して、運用会社はベンチマークを上回る運用を目指しているからです。

多くの株式投資信託の場合、何らかのベンチマーク（日経平均株価・東証株価指数等）が設定されるのが普通です。読者の多くの方は、「当ファンドは日経平均株価を上回る投資成果を目指します」というような文言を見かけたことがあるのではないでしょうか？

この場合のベンチマークは日経平均株価指数となります。運用会社はこのベンチマークを上回る運用を目指すのであり（相対的な上昇）、絶対値での資金の増加を目指すわけではありません。このため、運用会社と投資信託購入者に大きなすれ違いが生じるのです。

それでは、運用会社が行うベンチマーク運用についてもう少し詳しく見てみましょう。

運用会社から見ますと、株式投資信託の購入者は「株式への投資」をすでに決めており、運用会社へ託したのは「ベンチマークを上回る成果を出すこと」になります。裏返せば、購入者は株式投資にかかるリスク（つまり市場下落リスク）も同時に負ったことになります。

そのため、運用会社はベンチマークを上回ればよく、ベンチマークが日経平均株価なら、日経平均がマイナス35％下落し、運用ファンドがマイナス20％の下落で済めば、差し引き「プラス15％勝った」ことになります。これがベンチマーク運用です。

運用会社がファンド内の株式比率を大胆に動かさないのは、株式自体への投資を決めたのはあくまで購入者であり、その意思通りに行動しなければならないと考えているからです。現金比率を運用会社が勝手に変えた場合（株式ウェイトを下げる場合）、購入者の意思に反した行動を取ってしまうことになります。投資信託購入者は、この前提をよく理解する必要があります。

第2章

日米の資産運用を比較すると……

投資信託 失敗の教訓――成功の秘訣は「相場を予測しない」

お金に働いてもらい人生を豊かにする

第2章では、日米の資産運用の違いを紹介していきます。米国では、多くの人が資産運用によって資産を増やしています。自分が働くと同時にお金にも働いてもらうことで、豊かな人生を実現しているのです。

一方、日本では、お金に働いてもらう考え方が浸透していません。働き方改革によって残業代が減り、生産性が上がらなければ収入が減ることが予測されるいま、資産運用でお金を増やすことは必須になりつつあります。

どうすれば、米国のようにお金にも働いてもらうことができるのでしょうか?

その方法を解説する前に、日米の個人金融資産の違いについて確認しておきましょう。

図9は日本、米国、ユーロエリアの個人金融資産の内訳を比較したものです。金融資産とは現金や預貯金をはじめ、投資信託、株式や国債、社債といった有価証券、年金や保険などの形で保有する資産を指します。土地や家屋などの現物の資産と対比して使われます。

日本では、個人金融資産のうち現金・預金が全体の半分以上を占めています。逆に米国

図9　日米欧の個人金融資産

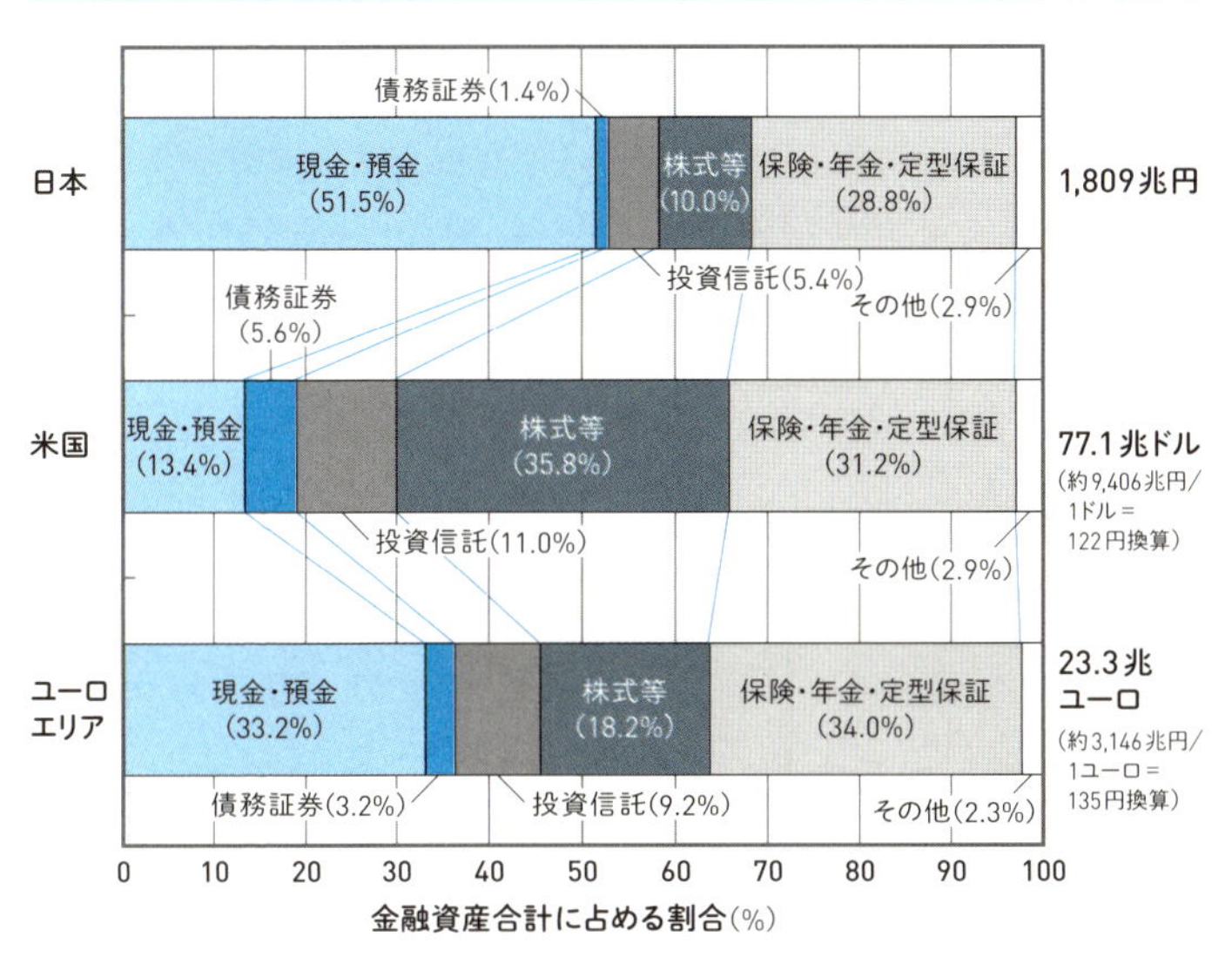

出典：日本銀行調査統計局「資金循環の日米欧比較」(2017年8月)

は現金・預金の比率が低く、株式、債券、投資信託に資産が配分されていることがわかります。

なぜ米国では、ここまで資産運用が進んでいるのでしょうか？

「それは国民性の違いだよ」

と言う人も多くいます。本当にそうでしょうか？　私は、それだけではないと考えています。

理由は2つあります。1つ目は、米国にはファイナンシャルアドバイザーをつけて運用している人が数多くいることです。日本人でファイナンシャルアドバイザーをつけている人はほとんどいません。

図10　投資信託を購入するときに誰かに相談したか

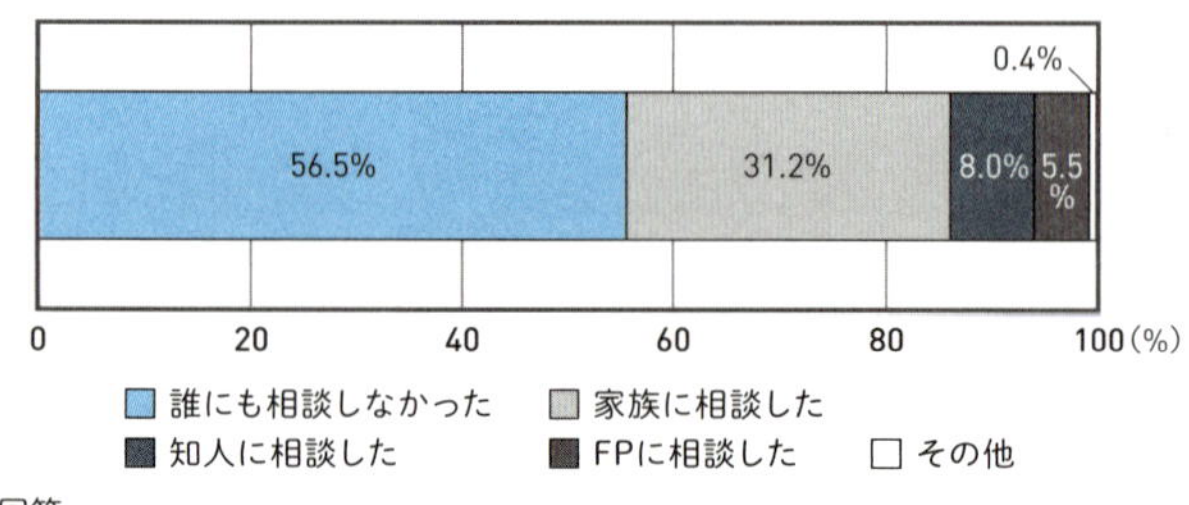

※複数回答
出典：投資信託協会「投資信託に関するアンケート調査報告書」（2014年）

２つ目は運用成果がまったく違うことです。米国人には、運用でうまくいっている人が多いのに対し、日本人にはうまくいっていない人がとても多いです。ですから、資産運用する意欲がわかず、現金・預金に資産を置いたままになっているのです。

日本人が資産運用の相談をしていないという点ではデータがあります。

図10は投資信託協会が行ったアンケート調査の結果です。「投資信託を買う前に誰に相談をしましたか?」と聞いたところ、56％の人が「誰にも相談しなかった」というのです。家族に相談した人が31％ですが、家族は専門家ではありませんから、どこまで意味があるのかはわかりません。一方でファイナンシャルプランナー（ＦＰ）やファイナンシャルアドバイザー（ＩＦＡ）などの専門家に相談した人はわずか

5％です。

多くの人は相談する相手がいない、または、相談する相手を間違えていることになります。

一方、米国には数多くの独立系ファイナンシャルアドバイザー（ＩＦＡ）がいます。銀行や証券会社に所属しているアドバイザーよりも、独立系のファイナンシャルアドバイザーのほうが多いのです。

そうしたファイナンシャルアドバイザーに相談することが一般的になっています。米国は1％の超富裕層と99％のそうではない人たちで成り立っていると言われますが、相談しているのは超富裕層だけではありません。多くの一般の人も相談しています。

米国人の資産は20年間で3倍以上に増えている

運用成績にも大きな差が出ています。

図11は、１９９５年を1として２０１５年までの20年間に個人金融資産がどれくらい増えたのかをグラフにしたものです。

図11　各国の個人金融資産の推移

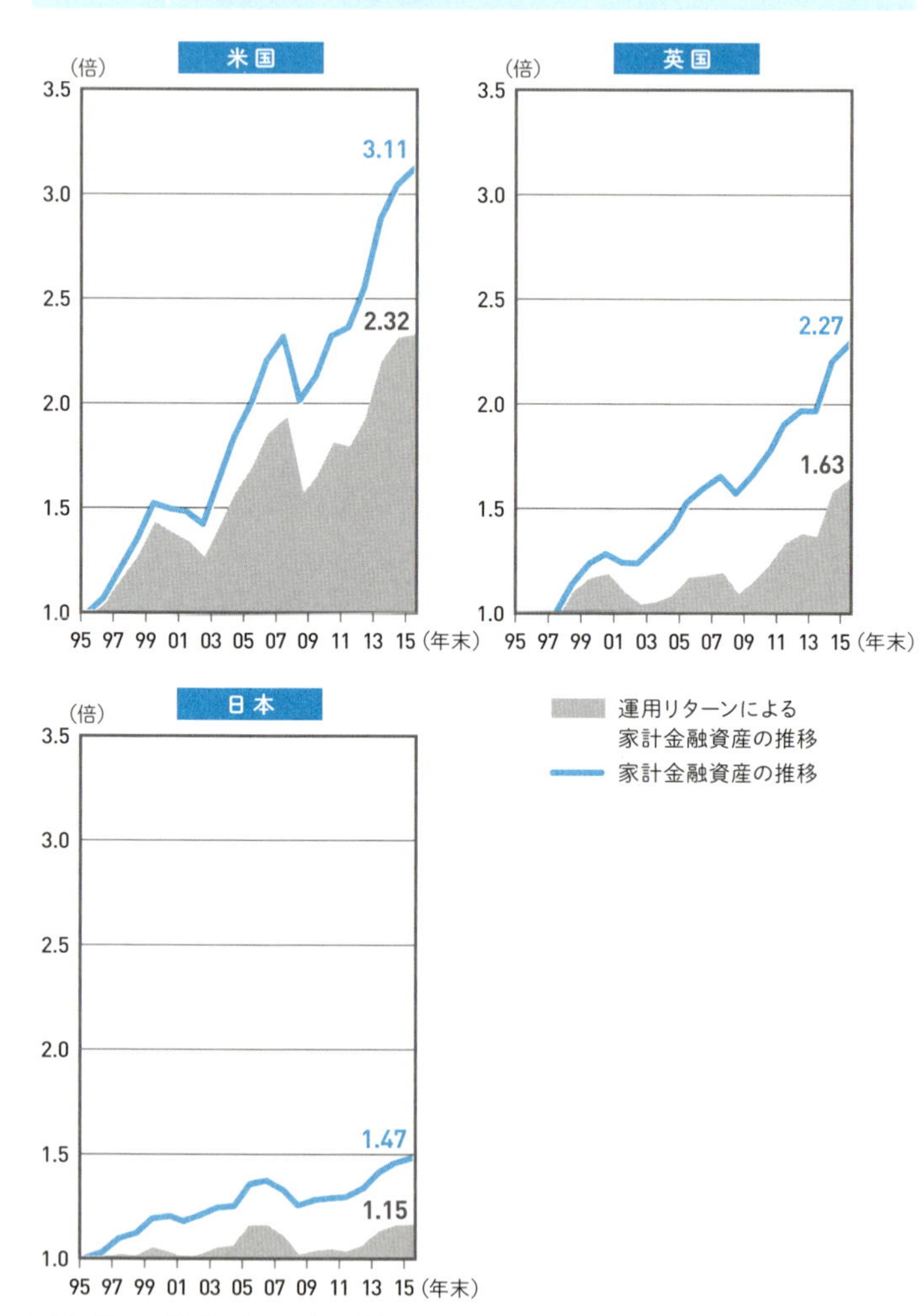

※1995年＝1（英国のみ1997年＝1）とする
出典：金融庁「家計の安定的な資産形成に関する有識者会議」説明資料（2017年2月）

✧20年間の家計金融資産の増加率

米国＝3・11倍
英国＝2・27倍
日本＝1・47倍

日本は明らかに負けています。
個人金融資産の増加には、貯蓄が増えた部分も含まれていますから、資産運用によるリターンのみに限定してみましょう。

✧資産運用のリターンに限定

米国＝2・32倍
英国＝1・63倍
日本＝1・15倍

日本はほとんど**運用益が得られていない**ことがわかります。

日本は20年間で個人金融資産を約47％増やしたわけですが、ほとんどは自分で頑張って、労働で増やしたのです。これは素晴らしいことですが、増やした元本を預貯金以外で運用していれば、お金に働いてもらうことができたはずです。

米国人も英国人も働いて貯蓄をしていますが、お金に働いてもらう部分がプラスされて、資産が大きく増えているのです。

日本でも**非課税で資産運用ができるＮＩＳＡやｉＤｅＣｏが始まっています**。これらを上手に活用して、長期で資産運用を続けていけば、欧米のように資産を増やすことができるのです。

日本の個人金融資産は１８００兆円を超えています。これは米国に次いで世界で２番目です。

ところが、先ほどの図で見たように20年で15％しか増えていません。**年平均利回りにすると０・７％です。**

もし、年平均利回りがプラス１％になったらどうでしょう。**１８００兆円×１％で18兆**

円のリターンが上乗せされることになります。

日本のGDPが540兆円とすれば、18兆円は3・3％に該当します。これは、すごいことだと思いませんか？　資産運用で増えた資産が消費に回れば日本のGDPを押し上げる力さえあるのです。金融庁はこの点に気が付いていて、資産運用の業界を改革していこうとしています。

米国の人気投資信託は年率平均9％

米国でも資産運用に利用される商品の中心は投資信託です。

そこで、米国の人気投資信託の運用実績を見てみましょう（図12）。残高の多い投資信託トップ10の運用実績ですが、過去15年間（2003年〜2017年末）の年率平均リターンは悪いものでも3％、良いものでは11％に及んでいます。平均すると約9％です。

米国人は人気の投資信託をただ買ってほったらかしにしておいただけで、15年間で年率3〜11％の運用で資産が増えていたことになります。日本の人気投資信託と比較して運用成績が良いという点に目がいきますが、設定年にも注目してください。何10年も前から運

図12　米国の残高トップ10の投資信託の運用実績

米国のミューチュアルファンド純資産高トップ10	運用会社	2017年11月末純資産総額（億ドル）	設定年	2017年12月末時点のリターン（過去15年、年率換算）（ドル・ベース、%）
バンガード・トータル・ストック・マーケット・インデックス	バンガード	5,664	1992	10.30
バンガード500インデックス・ファンド	バンガード	3,016	1976	9.79
バンガード・トータル・インターナショナル・ストック・ファンド	バンガード	3,119	1996	8.61
バンガード・インスティチューショナル・インデックス	バンガード	2,336	1990	9.88
アメリカンファンズ ザ・グロース・ファンド・オブ・アメリカ	キャピタル	1,768	1973	10.79
バンガード・トータルボンドマーケット・インデックス	バンガード	1,565	1987	4.00
アメリカンファンズユーロパシフィック・グロース	キャピタル	1,603	1984	9.64
バンガード・トータルボンドマーケットII・インデックス	バンガード	1,439	2009	3.79
フィデリティ500インデックス・ファンド	フィデリティ	1,368	1988	9.84
フィデリティ・コントラファンド	フィデリティ	1,246	1967	11.89

※バンガード・トータルボンドマーケットII・インデックスは2009年1月26日から2017年末の過去9年間

出典：ブルームバーグデータよりFS作成

用している投資信託が多いのが特徴です。

米国の大学は積極的に資産運用をしている

銀行や保険会社、年金など、プロの運用団体を機関投資家と呼びますが、米国では、**機関投資家も大きなリターンを確保しています**。

また、日本ではあまり聞きませんが、米国では**大学も機関投資家として知られています**。大学には寄付金が入ってきます。寄付金を大学の財団や基金で運用し、増やして団体の活動支出に充てているのです。

米国の有名大学の財団や基金のことをエンダウメントと言います。ハーバード大学やイェール大学などのエンダウメントは運用業界でも尊敬される存在です。近年は、年金基金やソブリン・ウェルス・ファンド（政府系ファンド）などがエンダウメントの運用モデルを取り入れています。

そもそも米国の大学は競争力強化の一環で、寄付金を運用して財力を高めることが志向され、当初は株式や債券を使った伝統的な分散投資を行っていましたが、特に返済期限の

図13　米国の大学は先進的な機関投資家

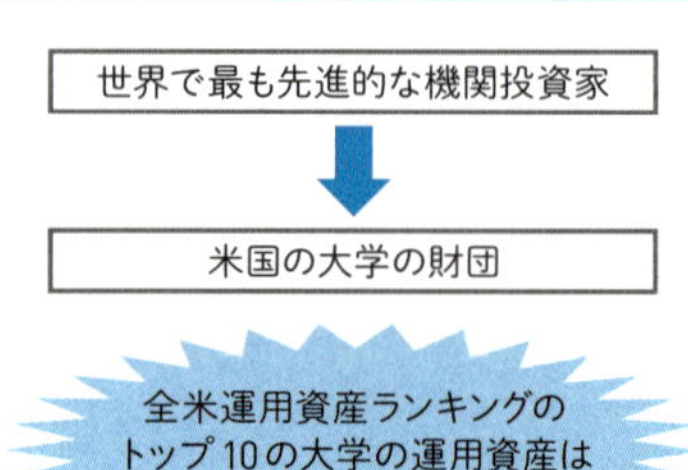

	過去10年間のリターン	資産規模
ハーバード大学	約2.7倍	約4兆円
イェール大学	約3.6倍	約3兆円

出典：GCIアセット・マネジメント

ない寄付金の運用という特性に合わせて、従来の発想から一歩進めた分散投資の手法が取り入れられていったのです。

過去10年間のリターンは**ハーバード大学で約2・7倍、イェール大学で約3・6倍**です（図13）。

「イェール大学では年率で10数%程度のリターンを実現している」とのデータもあります（図14）。運用総額は3兆円と言われていますから、それが年10%で運用できれば3000億円の利益を確保できることになります。

「どんな複雑な運用をしているんだろう?」と思うかもしれませんが、中身は公表されていて、誰でも見ることができます（https://news.yale.edu/2017/10/10/investment-return-113-brings-yale-endowment-value-272-billion）。

図14　過去20年の累積リターンと年換算リターン

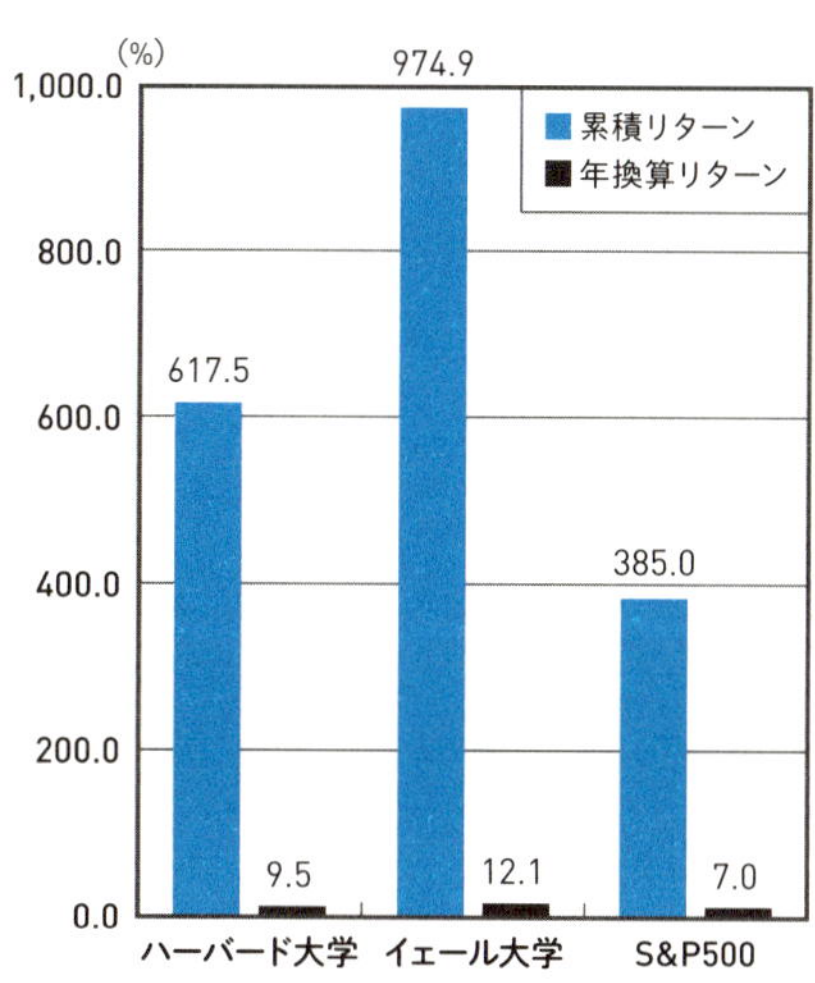

※1998年6月〜2017年6月までの累積リターンと年換算リターン
出典：GCIアセット・マネジメント

自分たちが**目指すリターンと許容できるリスクを明確に定義**した上で、その中に収まるような資産の組み合わせをして、長期で継続して運用しているだけです。

特徴としては、大学の基金は寄付金などが中心ですので長期間の運用（半永久的投資）が可能で、短期の収益を求められていないということです。また、未公開企業の株式への投資や実物不動産・森林・ヘッジファンドなど「オルタナティブ」と呼ばれる資産の割合が高くなっています。

図16はトップ5エンダウメントの投資分散状況です。実にオルタナティブ

図15　米国の大学運用残高トップ20

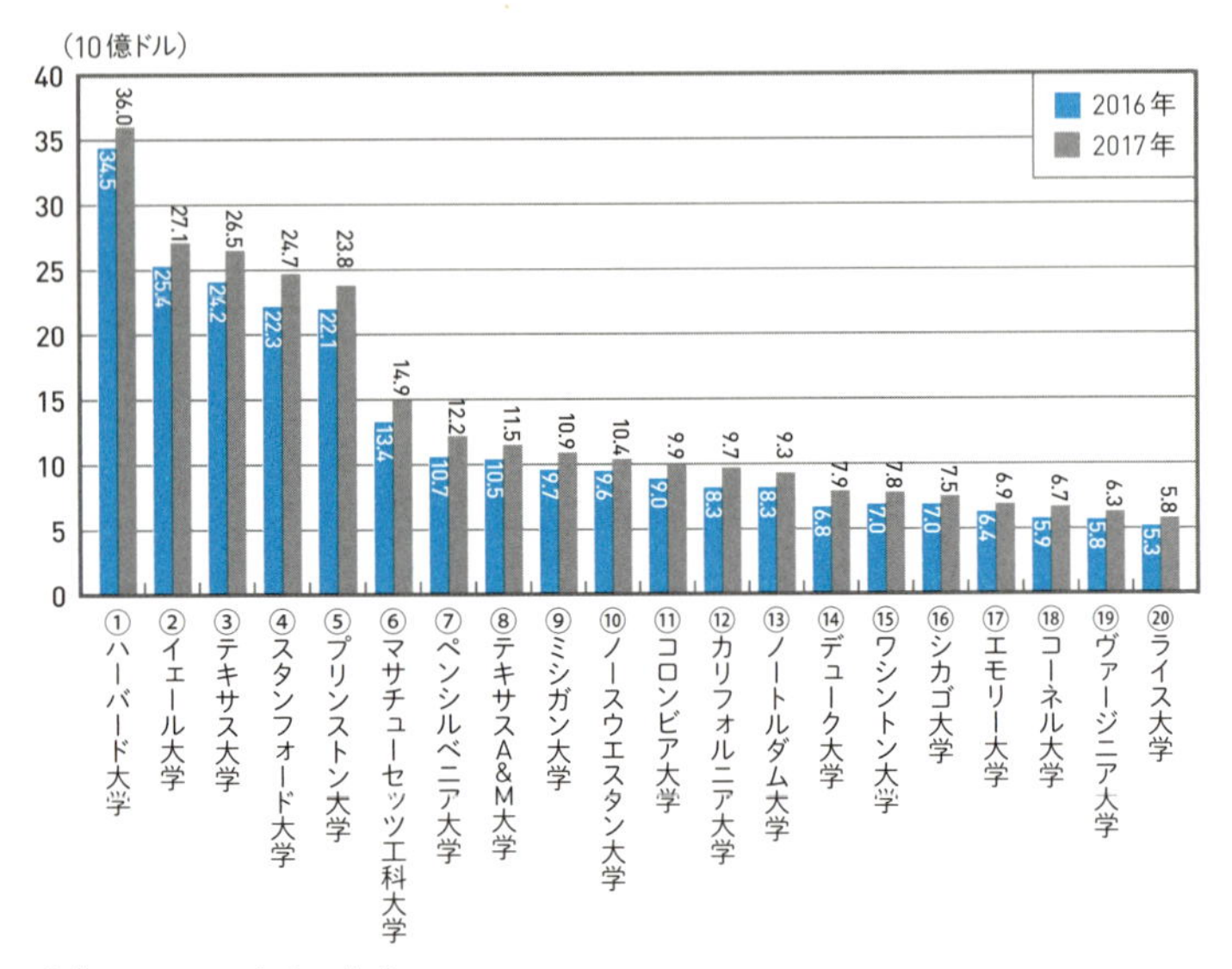

出典：NACUBOよりFS作成

図16　トップ5エンダウメントの資産分散状況

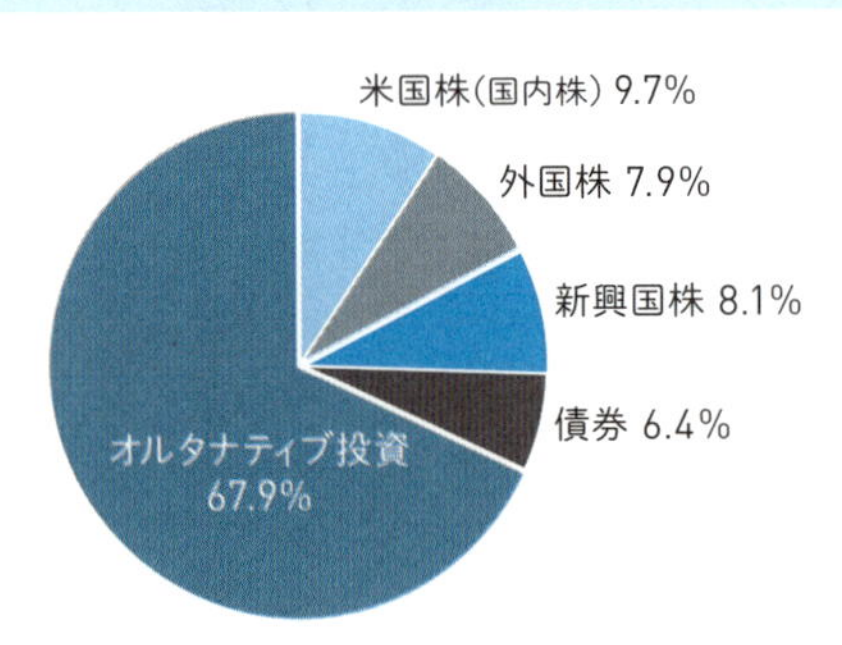

出典：GCIアセット・マネジメント

投資の割合が70％近くになっています。

オルタナティブ投資は株式や債券とは収益源も価格の動きも違うと言われていて、分散投資の効果を高めることが期待されています。

こうした手法は目標や資産規模が違うため個人投資家がそのまま真似することはできないでしょう。しかし逆に、個人投資家はハーバード大学やイエール大学ほどのリターンを求める必要もないのではないでしょうか。リターンを減らす代わりに安定性や換金性の高い資産を組み入れればいいでしょう。

他方、投資しているものの値動きを意識的に分散させることで保有資産全体の値下がりを防ぐ手法は個人投資家にも有益となることでしょう。

日本の投資家がうまくいっていないのは、米国のように資産運用の基本を守っていないからです。

前述の投資信託協会のアンケートには、「投資信託の購入のきっかけは？」という質問もあります。その回答の1位は「証券会社や銀行等の人から勧められて」で約60％を占めています（図17）。さらに「投資信託の購入先は？」という質問には、証券会社や銀行の店頭と回答した人が約80％にもなります（図18）。

図17　投資信託の購入のきっかけは？

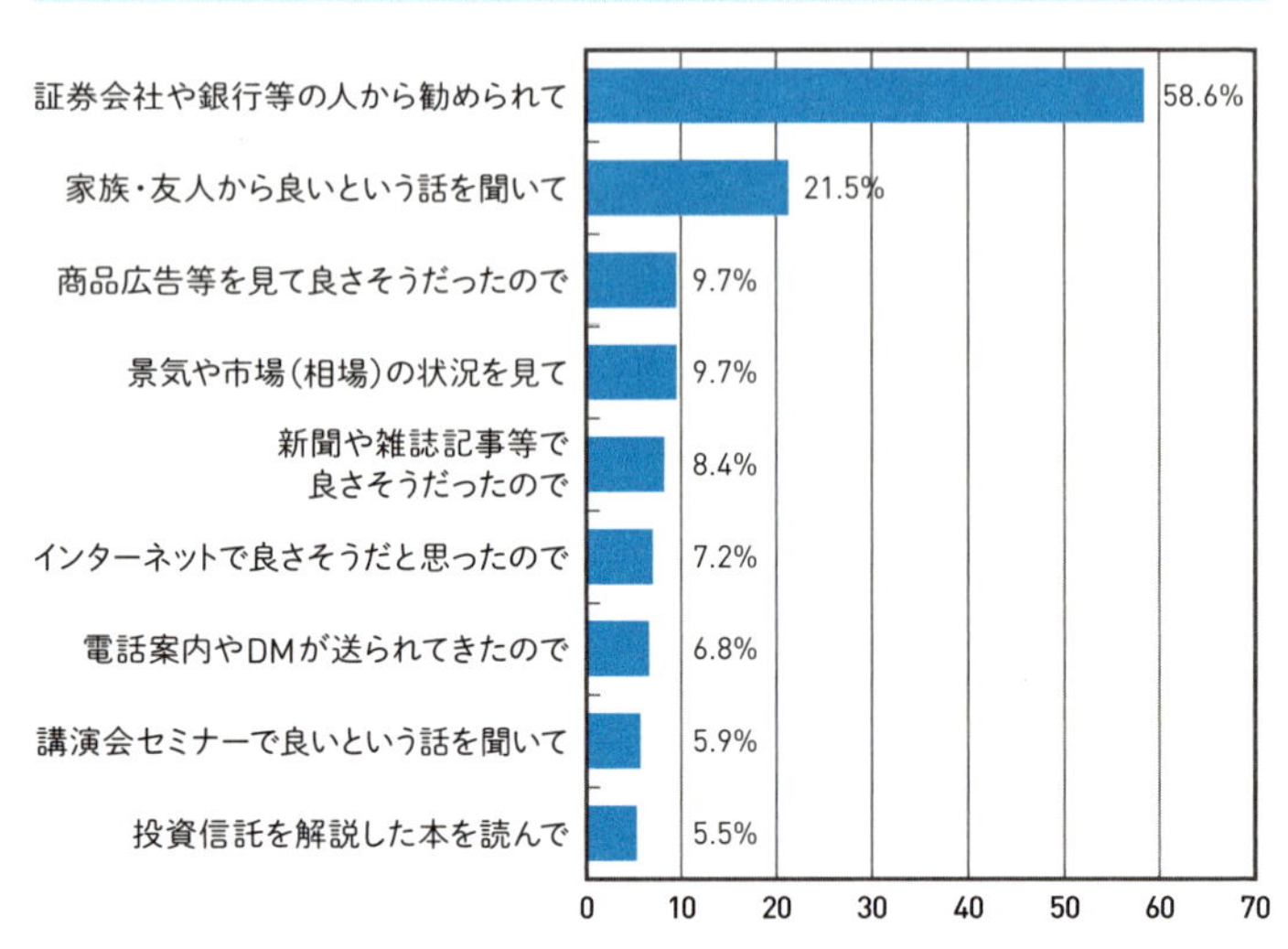

※複数回答
出典：投資信託協会「投資信託に関するアンケート調査報告書」（2014年）

図18　投資信託の購入先は？

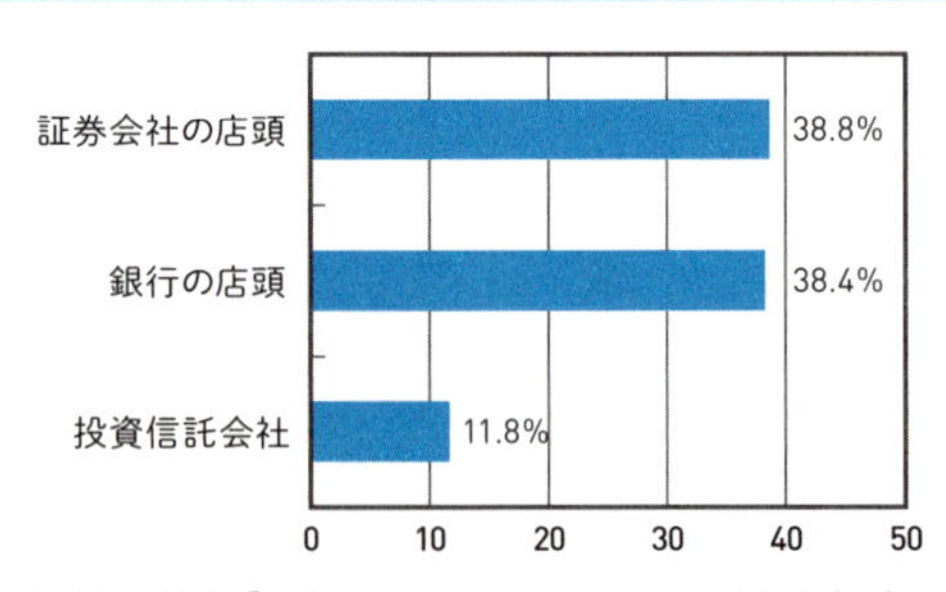

出典：投資信託協会「投資信託に関するアンケート調査報告書」（2014年）

図19　投資信託の運用実績の評価は？

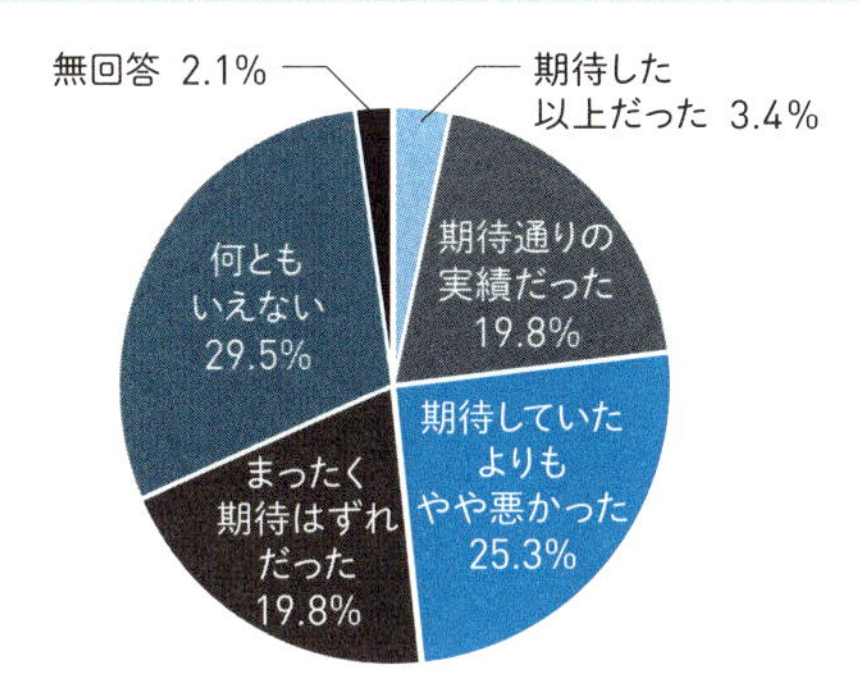

出典：投資信託協会「投資信託に関するアンケート調査報告書」(2014年)

図20　アベノミクス以降の日経平均株価の動き

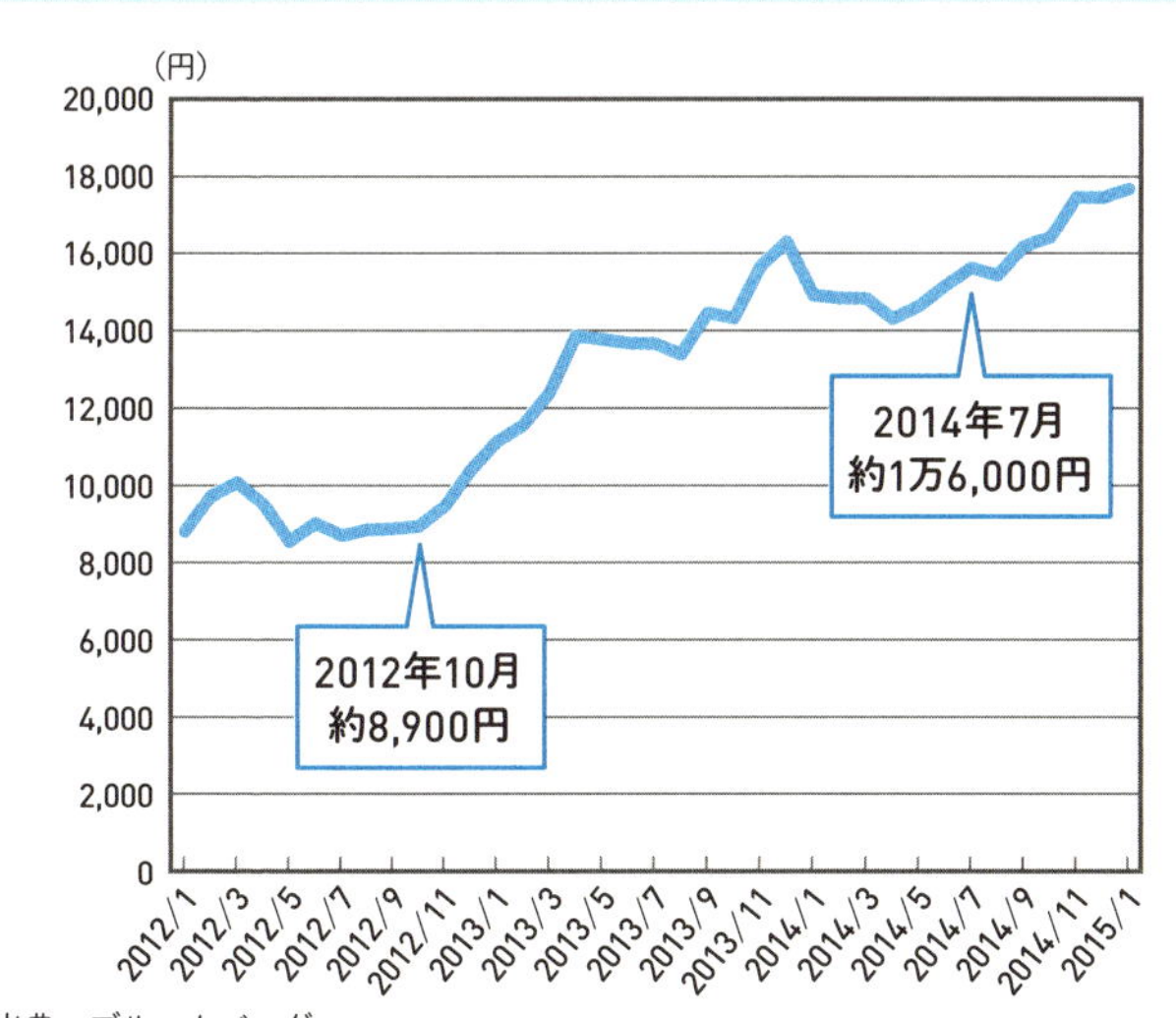

出典：ブルームバーグ

その結果どうだったのか？

期待通り、期待以上と回答した人は合わせて約23％しかいません（図19）。調査が行われたのは2014年7月です。2012年末に第2次安倍政権が誕生しアベノミクスが打ち出されました。それにより株価は急上昇していきました（図20）。

日経平均株価は2012年10月に約8900円でしたが、2014年7月には、約1万6000円まで上昇していたのです。簡単に言えば、**株高・円安で何を買っても儲かっていた時期**です。そのときにアンケート調査をしたにもかかわらず、この結果は寂しい限りです。

アドバイザーの登場で資産運用の魅力に気づいた米国人

米国にしても昔から資産運用が浸透していたわけではありません。以前は日本と同様に預金比率が高かったのです。しかし、ここ20～30年で独立系のファイナンシャルアドバイザーが増えたことによって、資産運用の魅力に気づき実践をする人が増えたのです。

また、401k（確定拠出年金）やIRA（個人退職勘定）などの税制優遇制度が導入されたことも後押ししました。

これらの税制優遇制度では、基本設定が株式資産を多く組み入れる形になっていました。自分で設定をしない限りは自動的に株式中心に運用する形になっていたのです。

多くの人が株式の組み入れ比率が高い基本設定のまま利用し、長期で積立投資をしていった結果、米国人にこんな感情が芽生え始めました。

「運用しないと損だよね」

それが、ここ20～30年程度の話です。２００８年にリーマンショックが起きますが、そのときも積立を継続していたので、**莫大な資産運用効果が得られている**のです。

資産運用に成功した人の間でファイナンシャルアドバイザーに相談しているという話が広がり始め、アドバイスを受ける重要さが認知されていきました。

こう考えていくと、日本は20～30年遅れている状況なのですが、遅いことはありません。いますぐ始めれば、運用成果を得ることができます。多くの米国人も日本人と大差はありません。金融リテラシー（知識）の高い人もいれば、まったく金融知識がない人もいます。

「公的年金を信用していない」のも日米共通です。

ただ、多くの日本人はどこかで公的年金を当てにしているのではないかと、私は感じます。本当に信用していないのであれば、自分で資産運用をするのではないでしょうか。米国人は信用していないからこそ、自分で資産運用をしています。その意味では、自主独立の意識が日本人より強いのかもしれません。

米国のアドバイザーは資産の全体最適化をする

米国で普及しているファイナンシャルアドバイザーには、もう1つ特徴があります。それは、資産運用にとどまらず不動産・保険・相続なども含めた**資産全体を最適化するアドバイス**、少し専門的に言えば、包括的なウェルスマネジメントの役割を担っていることです。

これだけ幅広い分野をカバーするのは、1人のファイナンシャルアドバイザーでは難しいため、多くの場合、チーム制でサポートしています。さまざまな専門知識を持ったアドバイザーが力を合わせて1人の顧客をサポートしているのです。

こうした仕組みを作ることで、アドバイザー個人の能力によってサポート内容が変わることもありません。**顧客の利益を最大限追求できる仕組み**を作っているのです。

米国ではファイナンシャルアドバイザーがサポートすることで早くから資産形成に取り組むことができるので、60歳前後が1つのゴールになっています。リタイア後に必要な資金を退職までに準備しようというのです。

人生100年時代と言われる中で、今後は60歳以降も資産運用を継続する必要が出てくると思いますが、**60歳までにある程度の資産を用意できているのは、非常に心強い**のではないでしょうか。

それに比べて日本では、60歳から資産運用をスタートしようとします。定年退職をするときにまとまった退職金を受け取って、

「さあ、運用しよう」

となるわけです。投資は本来、長期間の運用により複利効果を享受することで資産形成を図ります。資産運用の開始時期が遅くなるということは、個人投資家の利点である長期投資のメリットが少なくなるということなのです。

ロボットアドバイザーの限界とは

最近はロボットアドバイザー（ロボアド）も普及してきました。いくつかの質問に答えていくと、ロボットが投資家に合った資産配分をしてくれるシステムです。コストが安いことから米国でも普及しています。

しかし、ロボアドにできることには、限界があります。ファイナンシャルアドバイザーがロボアドを上手に活用して、顧客へのサービスを向上することは意味がありますが、**ロボアド単体で解決できる問題はそう多くありません**。そのため米国では現在、「人」と「ロボット」両方によるアドバイスが注目されています。

また、これから資産を作っていこうという資産形成層にロボアドはあまり意味がありません。ロボアドがアドバイスしてくれるのは、資産配分だけです。繰り返し話をしてきたように資産形成層に必要なのは、長期に継続することです。この点はロボアドでは、どうにもなりません。

たとえば、リーマンショック等の金融危機のとき、ロボットアドバイザーがあなたに最適とお勧めした資産配分で下落したら、投資家は困惑することでしょう。「このまま保有していてもいいのだろうか？　他社のロボットアドバイザーを試してみたら、いまとは違うポートフォリオを勧められたが、そっちのほうがいいのではないか？」という具合です。

長期運用に大切なことは「安心と結果」とお伝えしましたが、安心感という面では（特に相場が混乱しているときには）ロボットよりも人間のほうが効果があるのです。

第2章では米国と日本の資産運用環境の違いについて見てきました。最も大きな違いは、**米国では資産運用が生活の一部**になっている点です。それによって大きな利益を手にしていることは事実です。

日本は世界でも有数の長寿国です。安心して長生きするためには、資産運用を生活に取り込み、お金に働いてもらう習慣を身に付けることです。その点は、欧米に学ぶべき点は多いでしょう。

☑ 第2章のまとめ

- 米国人の金融資産は過去20年で3倍となり、日本人を大きく上回っている。
- 日本人はアベノミクス開始後でも大きく資産を増やした投資家が少ない。
- 米国のファイナンシャルアドバイザーは投資家の長期投資をサポートし、資産運用を特別なものではなく生活の一部にしている。
- 人生100年時代においては長期にわたる労働が必要となり、同時に貯めた資産を運用して〝お金にも働いてもらう〟ことも重要になる。

column 2

米国視察をして

２０１７年9月に、ファイナンシャルアドバイザーや運用会社の視察のため、米国に行きました。米国は世界一の資産運用大国と言われ、日本より20年進んでいるとも言われます。米国では私たちのような独立系ファイナンシャルアドバイザーが広く普及しています。米国の独立系ファイナンシャルアドバイザーがお客様に何を提供しているのか、直接見聞きしてきました。その一部をご紹介します。

「製販分離」で魅力的な運用会社・ファイナンシャルアドバイザー会社が増えた

投資家に関わる金融事業者は大きく2つに分けられます。まず投資信託など金融商品を作っている運用会社。そして、それらの金融商品を販売しているアドバイザー会社（販売会社）です。日本ではアドバイザー会社のほとんどは銀行、証券会社です。私たちファイナンシャルスタンダードは銀行・証券会社に属さない独立した立場でお客様にアドバイスをさせていただいています。

米国では私たちのような独立系ファイナンシャルアドバイザー（ＩＦＡ）が大変普及しており、銀行・証券会社のアドバイザーより人口が多い状況です。

その米国では日本と何が違うかというと、「製造と販売の分離」が大きく進んでいることです。

日本では、大手の金融機関だと系列の運用会社があり、その運用会社が作った投資信託を販売する傾向があります。「自社商品」を積極的に販売することにつながり、お客様に対して利益相反の可能性が出ます。米国では独立系ファイナンシャルアドバイザーはもちろんのこと、大手金融機関も系列に運用会社を持たず「良い投資信託」をお客様に提案するようになっています。

たとえば、米国の大手金融機関メリルリンチは投資信託等を作っている運用部門を世界最大規模の運用会社ブラックロックに売却して切り離しました。シティバンクでおなじみのシティグループは運用部門をレッグ・メイソンという運用会社に切り離しています。

この製販分離で、運用会社もファイナンシャルアドバイザー会社も自分たちの特徴を磨くことに専念し、お客様にとって魅力的な会社が増えました。

たとえば、コストを徹底的に下げることに磨きをかけるバンガードは、本社をニューヨークではなく地方に置いています。これもコスト削減の一環です。

長期的にインデックス（指数）よりプラスαのリターンを追求するキャピタル・インターナショナル。同社は運用成果と関係ない広告・宣伝は一切行わないポリシーを持っています。

コストを抑えたETFからアクティブファンド、ヘッジファンドまで商品ラインナップを揃える世界最大の運用会社ブラックロック。ブラックロックは独自のリスク管理ノウハウをファイナンシャルアドバイザーに提供する等、サポートも行っています。この他、小さくても特徴のある運用会社がたくさんあります。

運用会社だけでなく、ファイナンシャルアドバイザー会社もお客様にとって魅力的な会社がたくさんありました。特に独立系ファイナンシャルアドバイザー会社は特定の運用会社とのしがらみがなく、お客様にとって価値のあるものを提供することに専念しており、その中でお客様本位のサービスを競って高め合っているのがとても印象的でした。

日本だと、運用会社も、銀行・証券会社も、他社と何が違うのかあまりわからないと感じている人が多いのではないでしょうか。

60歳までに第1次ゴールを目指して運用する米国人、60歳から運用をする日本人

米国視察で心に残ったことの1つに、若い世代の人が「退職年齢」に向けて、長期資産形成を行っていることがあります。日本では若い世代の、運用に関心のある人の比率は低くなっています。

米国では、非課税で運用できる制度が日本よりも充実しており、それらの制度も活用しながら、長期的に運用を継続しています。自身のリタイアに向けて、資産をいくらにしたいか目標を決め、毎月投資信託の積立をしながら運用を止めず（戦争やリーマンショック等の金融危機があっても）、ずっと継続していきます。

そして、仮にその人が目標を達成し60歳でリタイアしても、その後もアドバイザーに相談しながら長期運用を継続していきます。

一方、日本だと時間をかけて資産形成ができる若い世代の人があまり運用は行わず、

退職金を受け取った人が運用をスタートするケースが多いです。もちろん60歳を過ぎてからも運用を継続することは非常に重要ですが、アセットマネジメント（資産運用）が人生の一部になっている米国人とは大きな差を感じました。

米国のファイナンシャルアドバイザーはお客様が長期で資産運用を継続できるよう普段から長く続けること、途中で止めないことの重要性などを説明し、そのことを共有するように努めています。お客様へのレポートや定期面談で継続的にサポートをしているファイナンシャルアドバイザー会社が増えているのです。

包括的な資産コンサルティング

米国の独立系ファイナンシャルアドバイザー会社の中で、資産形成、資産運用のコンサルティングだけでなく、お客様のさまざまな資産の相談を包括的に受けられる会社が増加しています。

保険や不動産、税金の問題などお客様の課題は資産運用だけではありません。これらの課題に対して専門家がチームを組んでお客様を包括的にサポートしています。資産運用はお客様の全体資産の中で考えていく必要があります。

さまざまな角度から最適な判断ができるよう専門家でチームを作りコンサルティングすることで、お客様の全体最適化をサポートしています。私たちも社内に税理士がおり、包括的なサポートを行っていますが、米国では資産の包括的なコンサルティングが当たり前のように行われています。

フィデューシャリー・デューティー

いま、世界的にフィデューシャリー・デューティーという言葉が金融業界で使われます。日本では、「顧客本位の業務運営」と訳されます。金融事業者がお客様本位の業務運営をしっかりできているかと世界中で問われているのです。

特に米国はこの動きが日本以上に強く、視察したファイナンシャルアドバイザー会社の人たちは誰もが高い意識を持って業務に取り組んでいました。

視察で多くの学びを得ましたが、実際に私たちファイナンシャルアドバイザーがお客様に何を提供できるのかが重要です。お客様に長期的なお付き合いをいただけるよう日々進化していかなければいけません。

ゴールベースアプローチを知る・アドバイザーの存在を知る

ゴールベースアプローチでなければ資産は増やせない

あなたは何のために資産運用をするのですか――。私は相談者にいつもこう尋ねます。するとと、多くの人が明確な答えを持っていません。

「将来が不安なので……」

そう答えるのが精一杯です。

ほとんどの人が目的を持たず、資産運用をしようとしています。**漠然とした不安を和らげるために投資をしようとしているのです。**しかし、目的がなければ、目標＝ゴールの設定のしようがありません。だから、長続きしないのです。

目標なき行動は結果に結び付きません。日常生活でも同じです。

会社員であれば「朝9時までに出社しなければいけない」という目標があるからこそ、朝起きることができるのです。眠いのに目をこすりながら、何とか起き上がります。そうでなければ、いつまでもベッドから出ることはできないでしょう。仮に家を出たとしても、喫茶店に寄ってしまうかもしれません。

目標がなければ、何も成し遂げることはできないのです。

そんな当たり前のことができていない人が多くいます。目標がないまま資産運用をしているので、セミナーに行って「ＡＩファンドがいい」と聞くと、買ってしまいます。「インドが成長する」と聞けば、インドに投資しようと考えます。

あっちに行ったり、こっちに来たり、ふらふらとそのときの雰囲気に流されてしまうのです。

ですから、**ゴールを設定してそれに向かって資産運用をする、ゴールベースアプローチこそが重要**なのです。ゴールベースアプローチは、余計なものを排除する方法であり、最も安全なルートでゴールを目指すことができる方法です。

プロ野球の選手を目指すなら東大に合格する必要はない

ゴールが設定されると、到達するための戦略を練ることになります。たとえば、東京から静岡に行くとき、電車がいいのか、車がいいのかと考えます。「ちょうどゴールデンウィークで渋滞が予想されるから電車で行こうか」などと、最適な戦略を練ります。

資産運用も同じです。ゴールが明確になると、そこに到達するには**どのくらいの利回りが必要なのかがはっきりします**。

５％で運用する必要があれば、できるだけ安全に５％を実現できる方法を考えることになります。たとえば、どんなに急いでいたとしても、車がビュンビュン走っている道路を赤信号で渡るようなことはしませんね。青になるまで待って安全に渡ろうとします。

安全な方法を選んで行動する、これが大事です。「今日は仕事のアポイントがあるけれど、交通事故に遭う可能性があるから行かない……」という人はいません。安全な方法を選んで行動を起こします。

それができるのは、安全な方法を知っているからです。どんなに重要なアポイントでも、待ち合わせが富士山の山頂であれば、行くのをためらうでしょう。

このように日常では当たり前に考えていることを、いざ資産運用となるとまったく考えていない人が本当に多いのです。

リスクに対して無防備なまま、リターンばかり考えてしまいます。過去の実績を見れば

5％は確保できるとか、そんな理由だけで投資をしている人がたくさんいます。

それよりも、どうすれば安全に到達できるのか、リスクをできるだけ排除できるのかを考える必要があります。そのためにもゴールの設定が重要なのです。ゴールが決まらなければ、戦略を練ることもできないのですから。


ゴールベースアプローチとは、1人ひとりの将来の目標（ゴール）に向けて金融資産・不動産・保険などの資産全体を総合的に管理していく方法です。

ゴールベースアプローチでは、**1番儲かる商品を求める必要はありません**。たとえば、今年1番儲かるアセットクラス（投資対象）は、新興国の株式かもしれません。しかし、そんな予想はしなくて構いません。

なぜなら、5％の資産運用であれば、新興国の株式は必要ないからです。もっと安全な道があります。そうやって必要のないものを排除することができるのです。

ゴールが明確になっていないと、途中の価格変動に一喜一憂することになります。たとえば、あなたが買った投資信託の運用成績が市場平均（インデックス）に負けると、売却したくなるかもしれません。

しかし、**ゴールに到達できるのであれば、市場平均に10％負けてもまったく問題ない**でしょう。あなたの幸せと市場平均には何の関係もないのです。

仮にゴールが同じでも、到達する過程は人によって異なります。

フルマラソンの距離は42・195キロメートルと決まっていますが、1位を目指すプロのランナーもいれば、完走することが目標の人もいます。あるいは、〝4時間以内に完走したい〟という目標を立てている人もいるでしょう。

ゴールまでの道のりはさまざまでも、到達したらみんな万歳をして喜びます。これがパーソナルゴールの考え方です。**満足する基準は人それぞれ**。それでいいのです。

受験勉強にたとえれば〝志望校は人によって違う〟ということです。プロ野球を目指している人が東大を目指して勉強をする必要はありません。料理人を目指している人も同じです。東大に入る勉強をするよりも、料理の専門学校に行ったり、レストランで修業をしたほうが近道です。

そうして〝いま、するべきこと〟を将来の目標から逆算する作業がゴールベースアプローチです。1人ひとり〝するべきこと〟や〝するべきでないこと〟は違います。それを理解した上で〝するべきこと〟だけを長期目標の実現に向けて続けていくのです。

短期的な相場動向は気にしなくても構いません。たとえば１００万円を短期間で儲ければうれしいでしょう。しかし、１００万円はあなたの人生にとって大きな影響のある金額でしょうか？　人生のゴールを考えるなら、１００万円を短期で儲ける方法よりも、もっと長期間で大きな資産形成を目指すべきです。

日本人はあまりゴールベースアプローチができていないと言いましたが、保険商品については長期にわたって目標を持って運用できているケースが多いのではないでしょうか。たとえば子どものための学資保険や、自分が60〜65歳になったときのための個人年金保険などは、目的をはっきり設定して長期間続けられると思います。

目標がはっきりしていると人間は長期で続けることができるのです。しかし、目標がないと、それだけで続かなくなってしまうのです。

いきなり商品提案をしてくる担当者やインデックス以外の選択肢を示さない担当者を信じるな

アドバイザーを探すときも、パーソナルゴールを理解していない人は避けたほうが賢明です。その見分け方の1つとして、いきなり商品提案をしてくるアドバイザーや、**インデックスファンドを話題にする人は信じないほうがいい**でしょう。

なぜ、そのアドバイザーはインデックスファンドを見ているのか？

それは商品選びの価値の基準をコストに置いているからです。「コストが低い投資信託を組み合わせて運用することがベスト」だと信じています。

コストが安いことはいいことです。しかし、あなたの目標はコストの安い商品を購入すれば達成できるのでしょうか。低コストというだけでは商品選択の理由としては不十分なのです。

あなたのパーソナルゴールを理解して、それに合わせたアドバイスをしてくれるアドバイザーを探さなければなりません。もちろん、儲かる商品がいいに決まっていますが、それはあなたのパーソナルゴールに到達することを見据えた上でなければなりません。

では、ゴールベースアプローチはどうやって組み立てていけばいいのでしょうか。

まずは、子どもの教育費やマイホーム資金、老後資金などの人生に必要な資金を見定めなければなりません。あるいは、次世代への資産承継や事業承継についても考慮する必要があります。

10年先、20年先、30年先……と遠い将来に思いを馳せながら目標を作っていきます。このとき、**遠い目標だけではなく、近くの目標を立てる**ことも忘れないでください。あるいは**大きな目標だけでなく小さな目標も立てていきます**。

たとえば、プロ野球の選手になりたいと思っても、その目標だけでゴールに到達するのは難しいものです。まずは、野球部に入部して、地区大会で優勝しようとか、そのためには何が必要かを考えていきます。

ただ、目先の結果に一喜一憂する必要はありません。野球の試合で負けたとか、打てなかったとか、そんなことは関係ありません。どうしたら打てるようになるのかを考えて練習を続ければいいのです。**重要なのはゴールを目指して野球をやり続ける**ことです。

資産運用も同じです。**一喜一憂しない。やり続ける**。大負けしないように工夫をする。あなたが許容できるリスクの範囲で続けること、これが大事です。

手元にお金がどれくらいあるかは関係ありません。貯蓄がほとんどない人も、ある程度のお金を持っている人も、それぞれのゴールに到達するためには、資産運用が必要になります。

貯蓄ゼロの人であれば、まずは、生きていくための目標を設定して資産運用をします。それがクリアできれば、今度は自分が実現したい夢をゴールに設定して、それに向かって資産運用をしていきます。

お金持ちになれば、別の目標ができます。将来、老人ホームに入るのであれば、より安全で快適なところに入りたくなります。また、不動産や相続対策も同時に考えていかなくてはいけなくなります。企業オーナーであれば自社株対策などの事業承継対策が重要になってきます。全体最適という考え方が必要になるのです。

そう考えていくと、**資産運用は人生の一部として捉えたほうがいい**ということになります。

ゴールを設定したら、達成するまで見直さないというものではありません。人生設計におけるゴールは変化していきます。たとえば、転職をした、子どもが生まれた、親の介護が必要になった……など生活環境が変わることもありますし、世の中の環境変化であなたの目標が変わることもあります。

ゴールを設定するときには、自分の将来をシミュレーションして考えるわけですが、計画通りにならないのも人生です。その意味で定期的にチェックをすることも大切です。目標が変わると、戦略も変わります。変わることを前提にして見直していくのです。ライフステージが変わったタイミングで見直すのもいいのですが、つい後回しにしてしまいがちになります。

それを防ぐために定期的にチェックする習慣をつけて、目標とのミスマッチを防ぐのです。できればアドバイザーとともにチェックをするといいでしょう。

投資信託で重要なのはコストよりも運用体制

投資信託の手数料は低いほうがいいと言われます。これは多くの人が納得するでしょう。手数料の違いは誰が見ても明らかだからです。理解しやすいので説得力があります。

しかし、それよりも重要なのは、運用チームの体制です。株式投資信託であれば、誰が運用するかによって、運用成績に年間10％程度の差が簡単に生じます。手数料の差などすぐに吹き飛んでしまうほどの違いです（１２６ページの「良い戦略の投資信託の具体例」を参照）。

ただこれは、分析しづらく、確認しづらいので、あまり気にされません。リターンに10％の差が出る可能性があるのに、手数料が低い投資信託を選んでしまうのです。これでは運用成果を得る機会を失ってしまいます。

運用していることを忘れればうまくいく

ここまでの解説を読んで、

「そんなに大変なら資産運用などしたくない――」

そう思いましたか？　しかし、資産運用は知らない間に私たちの生活の中に入り込んでいます。誰でも間接的に資産運用をしているのです。

たとえば、マイホームを買う人は多くいます。これも資産運用の一種です。私の両親は40年ほど前にマンションを購入しました。当時、９００万円程度だったそうですが、いま売却しても９００万円程度の価格がつきます。

仮に50年間、家賃を支払い続けて来たらどうでしょうか？　大きな損失になっていたはずです。不動産に「投資」することで、損失を回避できたのです。

あるいは、私たちが支払った厚生年金や国民年金の保険料も運用されています。私たちが意識していないだけであって、資産運用は生活に入り込んでいるのです。

この点は米国や英国も同じです。米国であれば非課税メリットのある運用口座、４０１ｋやＩＲＡを利用して積み立てをしています。そして20年、30年経つうちに「勝手に」増えています。

ポイントは本人が意識していないことです。意識すると身構えてしまい、うまくいきません。運用していることを忘れているくらいがいいのです。毎日、自宅の価格を不動産業者に問い合わせる人はいないでしょう。資産運用も同じような感覚でいいのです。

日本ではこれまで、国や会社が勝手に運用してくれていました。その結果として、年金や退職金を受け取ることができたのです。しかし、いまは違います。国は〝自助努力〟という言葉を盛んに使っています。

そのためにｉＤｅＣｏやつみたてＮＩＳＡが始まりました。

「税制優遇をしますから自分で運用してください」

ということです。もう誰かが勝手に資産運用をしてくれる時代は終わったのです。それに気が付かないふりをしていたら、大きな差がついてしまうでしょう。ましていまは人生100年時代です。早めに対策をしておかないととても100歳までのライフプランなど作れないことでしょう。

とは言っても、1人で運用を継続していくのは難しい面があります。そこでファイナンシャルアドバイザーが必要になります。もちろん、ファイナンシャルアドバイザーを利用すればコストがかかります。でも、それ以上の価値があればいいわけです。

その価値とは何か？　私たちが考えるアドバイザーの価値とは、

「資産運用で短期的なストレスを抱えたときに、目線を再び長期に戻してくれる伴走者になってくれること」

です。足元ばかり見ていては、長距離は走れません。目線を遠くに切り替える手伝いを

郵便はがき

おそれいりますが
63円切手を
お貼りください。

1028641

東京都千代田区平河町2-16-1
平河町森タワー13階

プレジデント社
書籍編集部 行

フリガナ		生年（西暦） 年	
氏　　名		男・女	歳
住　　所	〒 TEL　　　（　　　　）		
メールアドレス			
職業または 学　校　名			

ご記入いただいた個人情報につきましては、アンケート集計、事務連絡や弊社サービスに関するお知らせに利用させていただきます。法令に基づく場合を除き、ご本人の同意を得ることなく他に利用または提供することはありません。個人情報の開示・訂正・削除等についてはお客様相談窓口までお問い合わせください。以上にご同意の上、ご送付ください。
＜お客様相談窓口＞経営企画本部 TEL03-3237-3731
株式会社プレジデント社　個人情報保護管理者　経営企画本部長

この度はご購読ありがとうございます。アンケートにご協力ください。

本のタイトル

●ご購入のきっかけは何ですか?(○をお付けください。複数回答可)

1 タイトル　2 著者　3 内容・テーマ　4 帯のコピー
5 デザイン　6 人の勧め　7 インターネット
8 新聞・雑誌の広告（紙・誌名　）
9 新聞・雑誌の書評や記事（紙・誌名　）
10 その他(　）

●本書を購入した書店をお教えください。

書店名／　（所在地　）

●本書のご感想やご意見をお聞かせください。

●最近面白かった本、あるいは座右の一冊があればお教えください。

●今後お読みになりたいテーマや著者など、自由にお書きください。

どうもありがとうございました。

するのがファイナンシャルアドバイザーの仕事です。お客様のライフプランが変わればゴールも変わることでしょう。ファイナンシャルアドバイザーはお客様の人生の節目ごとに目標や目標達成の手段をお客様と相談して変えていくのです。

ファイナンシャルアドバイザーは、「目利きができる料理人」のようなところがあります。手間をかけて、無農薬のいい野菜やいいお米を生産している農家を見つけます。その素材を使っておいしい料理を作り、お客様に提供します。

投資信託に置き換えれば、農家は運用会社です。いい運用会社はいい投資信託を作って運用しています。いい商品はもっと世の中に流通しなければなりません。

それを世に伝える人、目利きをして伝える人がいなければ、いい農家も育ちません。ただ、どんなにいい食材を目利きしても、お客様が食べ方を間違えればお腹を壊します。火を通さなければならないものを生で食べれば体に悪いのです。

投資信託などの金融商品も同じです。最適な投資の仕方、その人のゴールに基づいた最適な利用法があります。積立で買うのか、一括で買うのか。単独で買うのか、組み合わせるのか。さまざまな選択肢があります。それをアドバイスする存在が必要です。

また、どんなにおいしい料理でも、同じものばかりを食べていては体によくありません。栄養バランスを考えて食べるものを組み合わせなければ、長生きはできないのです。

資産運用も同じです。

同じものばかりを食べ続けないようにサポートするのも、アドバイザーの役割です。あなたが非合理的な判断をしたときに、正しい判断のサポートをしてくれるのです。

このサポートは常にすぐ隣で寄り添っていく必要があります。バランスのいい食事をせっかく提供しても、その後でこっそりラーメンを食べてしまったら台無しだからです。常に見守りながら継続的にサポートしていく必要があります。

人が非合理的な行動をしてしまうのは、特別なことではありません。むしろ普通、人間は非合理的な行動をするのです。人間には欲望がありますし、恐怖を感じますし、興奮して、消沈します。常に喜怒哀楽がありますから、いろいろ感情的に行動してしまいます。

そう考えると、自分の力で常に正しい判断をするのは困難です。それを解決する方法として、驚異の運用実績を誇る機関投資家であるイェール大学のCIO（最高投資責任者）を務めるデイビッド・スウェンセン氏はこう言っています。

「質の高いパートナーを選択すること以上に大事なことはない」

私もその通りだと思います。

なぜ質の高いパートナーが必要なのか。それは**「アクティブ運用機関を採用しようとする投資家は『1に人物、2に人物、3、4がなくて、5に人物』と念じるべきである」**からです。つまり、運用担当者によって運用成績が大きく変わるということです。

資産運用は継続することが大事であることはすでに紹介しましたが、その間にはさまざまなことが起こります。保有している投資信託の運用担当者、ファンドマネージャーが交代になり、運用方針が変わることもあります。それにあなたは気づくことができるでしょうか？　おそらく難しいはずです。

毎日、チェックをしていれば可能かもしれませんが、それでは本業に支障が出てしまうでしょう。あなたが安心して本業に専念するために、資産運用面を支えるのがアドバイザーの仕事です。

図21 代表的指数と投資信託保有者の平均的なパフォーマンス比較

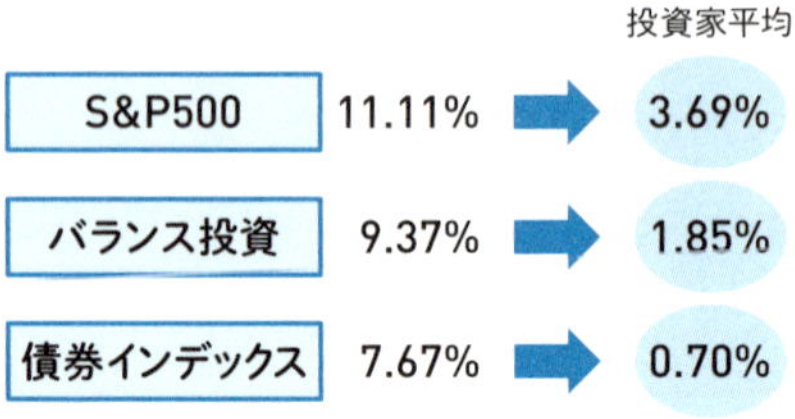

		投資家平均
S&P500	11.11%	3.69%
バランス投資	9.37%	1.85%
債券インデックス	7.67%	0.70%

※1984年1月1日〜2013年12月31日
出典：「投資家行動の計量分析（QAIB）」（2014年、ダルバー社）
『ゴールベース資産管理入門』（チャック・ウィジャー、ダニエル・クロスビー著、2016年刊、日本経済新聞出版社）

ファイナンシャルアドバイザーは、あなたに正しいデータを提供して、正しい判断を促します。１つの例として米国の代表的な株価指数であるＳ＆Ｐ５００（日経平均株価の米国版のようなもの）の年平均リターンと実際に投資家が得られた投資信託の平均リターンの比較があります（図21）。

Ｓ＆Ｐ５００は年平均11・11％の上昇をしているにもかかわらず、投資信託で運用している投資家が得ているリターンは年平均３・69％でしかありません。

なぜこんなことが起きるのでしょうか？

これは途中で売買をしてしまうために、機会損失が生じているのです。つまり、相場環境を予測して投資しているからです。「もっと上がる」と思って高値で購入したが、相場下落時に怖くなって安値で売ってしまった、最近では日経平均株価が20年ぶりの高値だからいったん売却して、少し安くなれば買い戻そうと思ったけれど、その後もどんどん上昇して買えなくなった、と事情はいろいろですが、どれも結果として機会損失につながりやすい行動です。

また、頻繁な売買を繰り返すことで売買コストがかさみますし、利益確定をするたびに多額の税金がかかり、複利効果が得られず利益を圧縮します。売買コストは気にしても、利益だからと言って売買手数料よりも高くなる税金は気にしない投資家もいます。

どんなにコストの低い投資信託を選んでも、この損失を挽回することはできません。

米国の運用会社に通ってわかったこと

私がゴールベースアプローチの大切さを強調するのには、理由があります。実は、ファイナンシャルアドバイザーを始めたときには、私たちファイナンシャルスタンダードはゴールベースアプローチではなく、マーケットベースのアプローチだったのです。

マーケットベースとは、相場が上昇しそうなマーケットを選んで投資をする手法です。そのためには相場を予想しなければなりません。それがファイナンシャルアドバイザーの仕事だと思っていたのです。

マーケットを予想して、たとえば、

「いまは、アベノミクスで盛り上がっているから日本株の比率を高めて運用したほうがいいですよ」

などとマーケット予想に基づいた運用提案をしていました。

しかし、冷静に考えてみると、マーケットの予想をし続けることは不可能です。そもそも予想を当てるのは難しい。予想を基に投資すると、悪いニュースが出てきたときに、お客様も不安になります。

では、どんなアドバイスをすればいいのか？　私も悩みました。

そのときに米国や英国のファイナンシャルアドバイザーはどんなアドバイスをしているのかを調べてみたのです。

米国の運用会社に足しげく通いました。あるいは、ファイナンシャルアドバイザーの研究をしている大学の先生に話を聞きに行きました。

そうしてわかってきたことは、海外のファイナンシャルアドバイザーは**〝マーケットの話をしていない〟**ということでした。お客様とゴールを共有して、それに基づいたポートフォリオを構築して分散投資をしているのです。

ある米国の運用会社トップがこんなことを話されていました。

「マーケットベースのアドバイザーは、朝5時に起きてマーケットをずっと見ているんだよ。情報を集めて分析して、今日何を勧めようかと思案を巡らす。そういうことばかりやっている。私たちは朝起きたら、NHKの連ドラを見ているよ」

短期のマーケット動向ばかりを見ないというたとえ話ですが、この話を聞いたとき、「この人は何を言っているんだ！」「そんなことでアドバイザーが務まるのか」と私は思いました。「徹底的に日本経済新聞を読むこともしていないなんて、もっとマーケットを研究するべきだ。それがアドバイザーだ」、と思ったのです。

そんな私も、米国の様子を理解していくうちに、資産運用にはゴールベースアプローチや安心できるプロセスこそが非常に重要であることがわかってきました。

まず、目標を設定すること。目標を設定したらそれを達成するための戦略を練ること。

それは、

「リターンを追求する戦略」

ではなく、

「どうしたらリスクを抑えられるのかを考える戦略」

です。そして、マーケットベースのアドバイスからゴールベースのアドバイスに方針転換したのです。つまり私たちは運用のプロを目指すのではなく、アドバイザーのプロを目指すようになったのです。

米国ではいまでも、資産運用においてはポートフォリオ理論が主流です。ポートフォリオ理論とは、ファイナンス理論に基づいたもので、

「資産運用の結果は資産配分で決まる」

という考え方です。許容できるリスクと期待するリターンを定めて、その範囲内に収まるように資産配分を決めるのです。

ただ、分散投資をする際には、米国と日本では考え方を変えなければなりません。日本人投資家には米国人にはないリスクがあるからです。それは為替リスクです。この為替リスクのせいで日本人が国際分散投資を行うことが非常に難しくなっています。この点については第4章で詳しく解説します。

☑第3章のまとめ

- 「どの商品がいいか?」の前にゴールを設定することが重要。ゴールが決まればどの商品にどのような配分で投資すべきか逆算できる。
- 相場予測に基づく売買では長期投資ができなくなる。短期売買は高値で買ったり、安値で売却したりすることで投資家のリターンを削っていくし、売買コストや税金が多くなることも投資家のリターンを大きく減らす要因となる。
- 重要なのは相場を予測することではなく、自分の長期目標に向けた長期投資をすることである。
- iDeCoやつみたてNISAといった税制優遇制度が生まれるのは〝今後は国に頼らず自分で老後資産の形成を早めに行ってください〟ということ。

column 3

KYC(Know Your Client)

どの業界にもプロと呼ばれる人はいます。ただ、どの人に任せればいいのかというのはなかなか判断が難しいのではないでしょうか。

たとえば、医師や弁護士のように国家資格を持つ人はプロと言えるでしょう。しかし、弁護士だからといって、何でも弁護できるわけではありません。得意としている分野・専門分野は違うわけです。医師や弁護士のような国家資格を必要としない分野は、さらに判断が難しくなります。

ニュースに出てくる経済学者や金融機関のエコノミスト、日銀のスタッフなどは専門家(プロ)と言えるでしょう。しかし、多くの場合には彼らはマクロ経済のプロであり、資産運用(特に個人投資家の資産運用)に深い見識があるかは別の話です。金融機関のアナリストは企業分析のプロと言えるでしょうが、個人投資家のニーズに応えるために仕事をしているわけではありません。

年金基金や銀行・証券・保険会社の運用担当者はどうでしょうか。彼らは運用の実務に携わるプロと言えるでしょう。しかし、半永久的に巨額の資金を運用するこれらの投資家のスタイルと、個人投資家のスタイルは別のものでしょう。

このように金融の専門家と言っても得意としている分野はまったく異なります。

では最後に、金融機関の営業担当者の専門分野は何でしょうか？　海外の金融機関やＩＦＡでは担当者のことをリレーションシップ・マネージャー（ＲＭ）と呼びます。ＲＭに求められる業務は、一言で言うと顧客を知ることです。

顧客のニーズ・志向・経験や主観的・客観的リスク許容度を把握します。顧客のニーズや考え方も次第に変化しますので、環境に合わせて見直しを行うことが求められています。

ですから顧客とＲＭの話題の中心はマーケットではなく、もっと広範な話題になることが多いのです。「ＲＭの専門分野は何か？」と言うとＫＹＣ（Know Your Client）の専門家と言えるのです。

金融機関の担当者は、決して運用の専門家ではありません。運用の専門家ではなく、投資家のニーズを聞き、適切な専門家に取り次ぐことが役割です。

一括投資のポイントは、良い戦略の投資信託を組み合わせること

投資信託 失敗の教訓——成功の秘訣は「相場を予測しない」

資産分散は日本では意味がない

一括投資で損をする人が多いことは、第1章で紹介しました。
では、一括投資はどのようにすればよいのでしょうか。

一括投資で失敗しないためには、分散投資をすることが重要です。

1つのものだけに投資して、もし何かあった場合はリスクをまるかぶりしてしまいます。さまざまな投資対象に分散することが重要です。一般的によく言われる分散は、株式や債券などに分散する「資産分散」の他、国内外に分散する「地域分散」、日本円だけでなく米ドルなどにも分散する「通貨分散」等が重要だと言われています。

要は国内外の株式や債券に分散するという考え方です。株式と債券は価格が逆に動いたり、同じ方向に動きにくい（運用の世界では「相関性が低い」と言います）ため分散効果があり、国内だけでなく海外の株式や債券に広く分散することが重要なのです。

図22　資産分散は有効か①

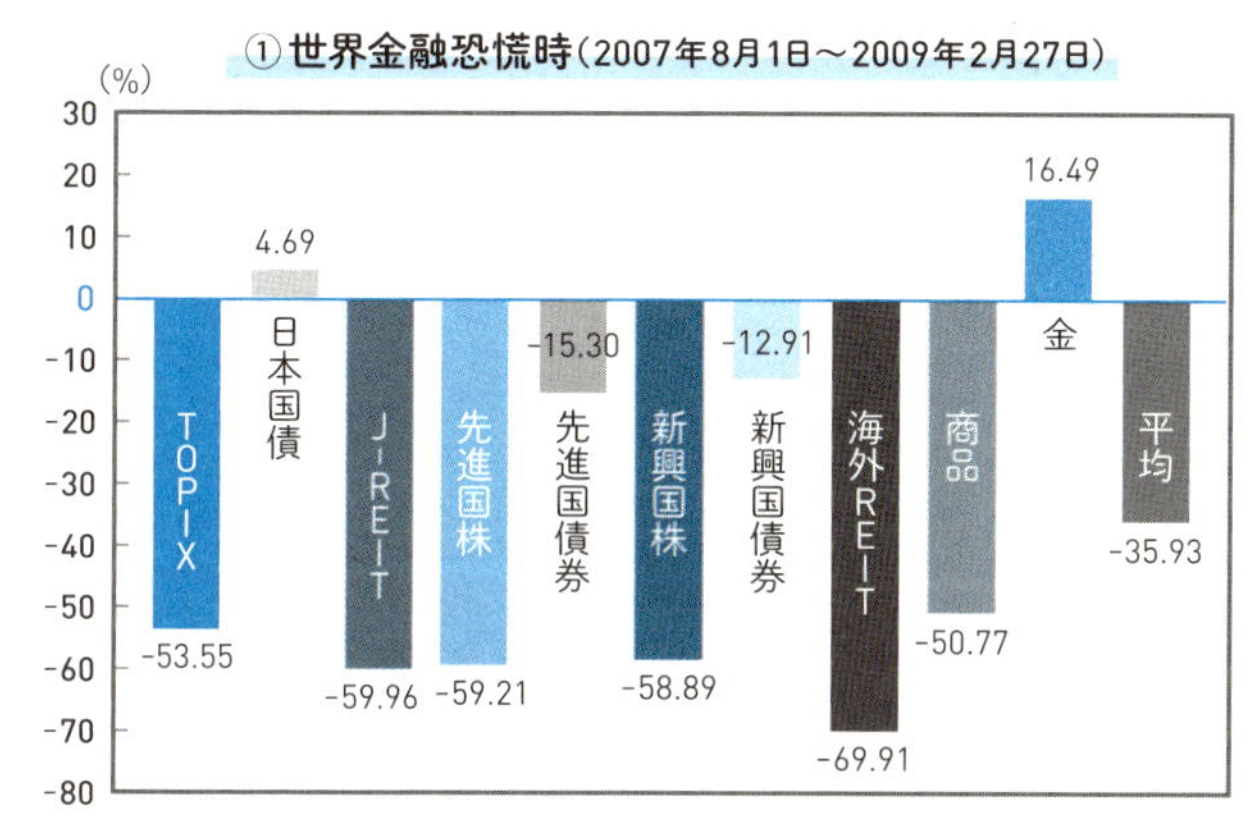

出典：ブルームバーグ（FS調べ）

しかし、

日本からの資産分散はあまり結果が出ません。

なぜ、日本から資産分散をすると成果が出にくいのでしょうか。

図22は、国内外のさまざまな資産に分散をしていた場合、運用成績はどうなったのか、資産分散の効果を示したものです。騰落率を為替を加味して円ベースで計算しています。

リーマンショック前後の２００７年８月から２００９年２月までで運用成績を見ると、**ほとんどの資産がマイナス**です。

下がっているものに分散をしても、分散効果

は出ません。

つまり、値動きに相関性が高いもの（同じ方向に動くもの）に分散しても意味がないのです。分散の基本は、上がるものと下がるものを組み合わせるから効果を得られるのであって、同じ方向に動くものに分散しても効果は出ません。

注目してほしいのは、先進国の株式と先進国の債券です。この時期、先進国の株式は下落しましたが、先進国の債券価格は上昇しました。なぜなら金融危機の際、米国債やドイツ国債などは、安全資産と考えられて資金が集中したからです（一般的に金融危機時や景気後退局面では債券価格は上昇する）。

株式のほうが債券より価格変動が大きいので、債券の保有比率を高め、株式の保有比率を下げて、株式と債券を同時に保有していれば、分散効果が出ました。しかし、実際には円ベースで見たとき、先進国株式も先進国債券も下落しています。

本来であれば、このときもセオリー通りに資産分散していれば値下がりは回避できたのですが、実際は先進国債券もマイナスになっています。

これはなぜでしょうか？

理由は為替です。日本から投資をするには、円を外貨に交換しますので、為替レートが影響します。外貨を円に戻すときも同じです。リーマンショック前後では円高になりました。金融危機の際には、円は安全資産として買われる傾向にあります。結果的に円高になるケースが多いのです。

リーマンショックの際も円高になったために、**本来はプラスであった先進国債券が日本の投資家にはマイナスになってしまった**のです。

ここからわかる教訓は、

米国人と同じような資産運用は、そのまま日本人には通用しない

ということです。

特に2000年以降は、各資産の相関性が非常に高まっていますので、過去には日本でもうまくいっていた国内外の株式・債券への資産分散もその効果がどんどん出なくなってきています。

株価回復局面でも資産分散は機能しない

続いて株価回復局面も見てみましょう。

図23のようにリーマンショック後は、世界的に金融緩和が始まり、株価が回復していきました。このときは逆にすべてが一斉に上昇したのです。

しかし、「すべて上がっているならいいじゃないか」と思うのは間違いです。すべてが上がっているということは、相場が悪くなったときにはまた一斉に下がることを意味しています。

そうなると、「いま売ったほうがいいんじゃないか」「いまは買わないほうがいい」など と、タイミングが重要になってしまいます。

タイミングを図るには、予想が必要です。これはプロでも難しいのでうまくいきません。

株価回復局面が終わった2015年の夏以降は、また一斉に下落しています（図24）。

J－REIT（不動産投資信託）がプラスになっているのは、2016年1月に日銀がマイナス金利政策を発表してREITが一気に買われたことが理由です。

図23　資産分散は有効か②

②リーマンショック以降、株価回復局面時（2009年2月27日～2015年6月30日）

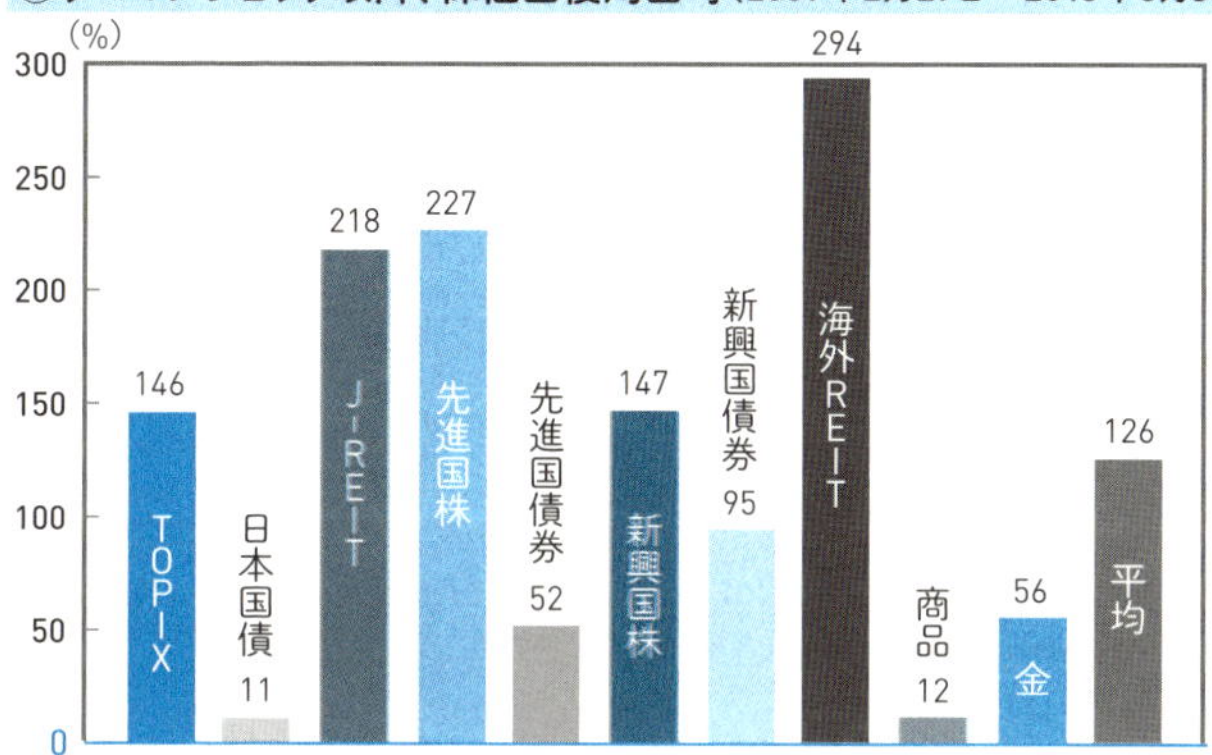

出典：ブルームバーグ（FS調べ）

図24　資産分散は有効か③

③チャイナ・ショック以降（2015年7月3日～2016年2月19日）

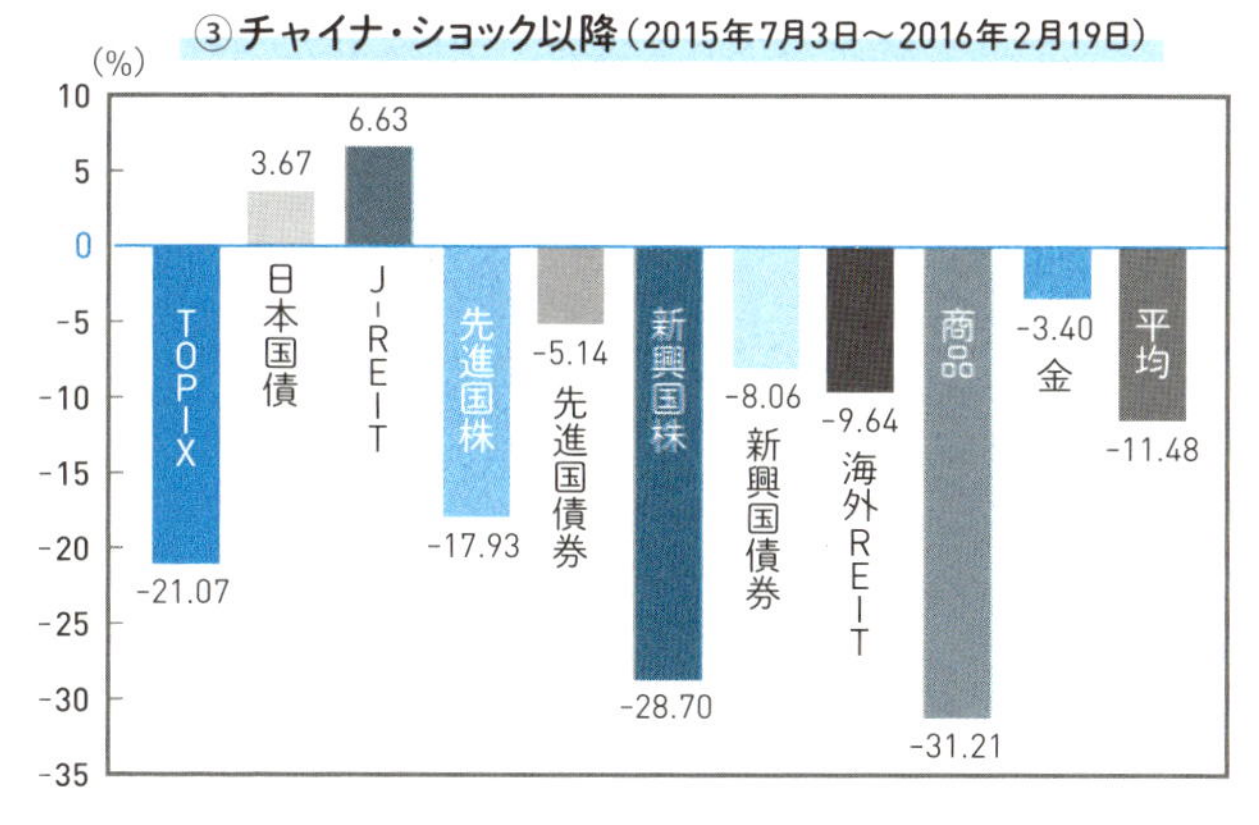

出典：ブルームバーグ（FS調べ）

マイナス金利という特別な事情があったJ－REITと日本国債（金利低下時には国債の価格は上昇する）以外はすべて下がっています。やはり資産分散をしても意味がありません。

分散投資では「良い戦略のもの」かつ「相関性が低いもの」を組み合わせる

以上のことから、分散投資をまとめると、図25のようになります。図の左のように、同じ方向に動いているものに分散しても意味がありません。

右のように上がるものと下がるものに分散するのが正解です。これにより価格が相殺できるので、リスクを抑えることができるのです。

これを実現するには、前述のように資産の分散だけでは十分ではありません。日本から投資するには、どうしても為替変動の影響を受けてしまうので、資産分散の効果がうまく得られないのです。

では、どうすればいいのか。**まず、必要になるのは戦略の分散です。**

たとえば日本株に投資する投資信託と言っても、さまざまなものがあります。世界株の

図25　分散投資では相関性が低いものを組み合わせる

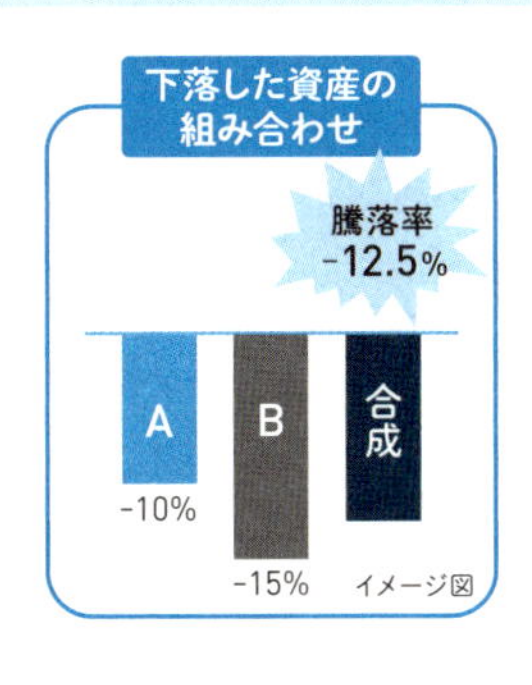

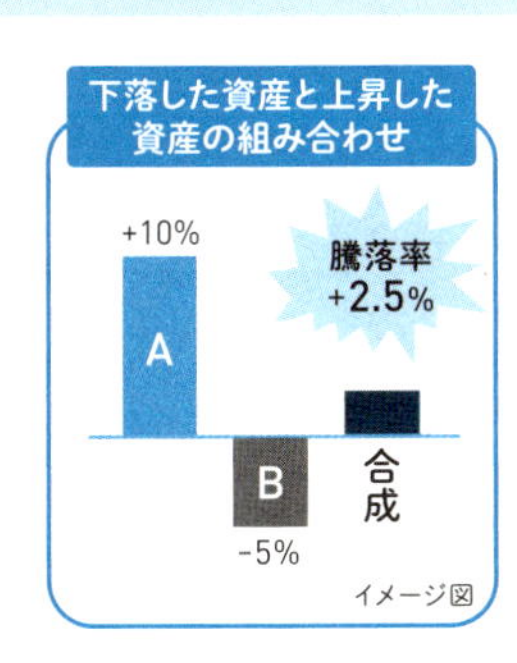

投資信託も同じです。さまざまな戦略がありますから、「良い戦略のもの」を保有する必要があります。

それでは、「良い戦略の投資信託」とは何でしょうか？

簡単に言えば、3～5年保有していたら、単独でもきちんとプラスのリターンが期待できるものです。ただし、単独で保有するとメリット・デメリットがありますから、相関性が低いものを組み合わせることが重要です。

ここで大事なことは、ただ**逆に動くものを組み合わせただけではダメ**ということです。逆に動くだけなら価格が相殺されて終わってしまいます。詳細は後述しますが、単独では中長期的に価格がプラスになるもの、期待リターンがプラスの資産（228ページのコラム⑦参照）が重要です。短期的には極力価格が同じ方向に動きにくいもの同士であれば、リスクを相殺しながら、中長期的にプラスのリターンを確保できるのです。

図26　一括投資のポイント

①「良い戦略」の投資信託を保有
②「相関性が低いもの」を組み合わせる

では、「良い戦略」とは何でしょうか？

良い戦略はたくさんあります。前提条件によっては良いものも悪くなりますし、悪いものも良くなったりしますので、一概には言えませんが、１つの例を紹介しましょう。

たとえば日本株で運用する投資信託で考えてみます。

日本株で運用する投資信託のメリットを考えると、日本株の相場が良いときにリターンが得られることです。逆に、日本株で運用する投資信託のデメリットは、日本株の相場が悪いときにマイナスになってしまうことです。

では、日本株で運用する投資信託の「良い戦略」とは何でしょうか。デメリットである日本株の相場が悪いときに「下がりにくい仕組み」があれば、良い戦略と言えるのではないでしょうか。

ここで、下がりにくい戦略を持った株式で運用する投資信託の特徴をまとめると次のようになります。

✧投資信託の下がりにくい戦略とは？

① 相場が下がりそうなときには、ファンドマネージャーが株式を売却して現金部分を増やし、また上昇しそうなときに株式を買ってくれる。

② ファンドマネージャーや運用チームの銘柄選定力が高い。

③ 銘柄を分散しすぎず、集中投資をしている。

1つ目は第1章で紹介したフル投資型ではない投資信託です。本来はファンドマネージャーの判断で投資家から預かっている資産の50％までを現金にすることができるのですから、**相場が下がるときには、資産を現金にできる仕組みがある投資信託は良い戦略**を持っていると言えます。

半分を現金化すれば、値下がりが抑えられると同時に、下がったところで買えるというメリットもあります。

2つ目は**ファンドマネージャーの腕**です。投資信託でファンドマネージャーの腕が重要だということは、あまり本には書かれていません。それは、投資家が判断しにくいからです。それが大事だとわかっても、個人投資家が運用会社に行ってファンドマネージャーを調べることは難しいでしょう。

実際に運用会社のリサーチをしている私たちは、ファンドマネージャーの腕や運用のチーム体制が重要なことを実感しています。特に株式で運用している投資信託なら非常に重要です。そのチームが銘柄をどう分析しているかを見るのですが、ファンドマネージャーが自分で足を運んで、投資対象の会社の調査を行っているかどうかは判断材料の1つになります。

アナリストが書いたレポートを見て投資判断をしているのなら、分析は十分ではありません。これでは2次情報、3次情報で投資していることになります。どの世界でも同じですが、**直接、見聞きするのとは情報量が圧倒的に違います**。実際に見なければわからないものはたくさんあります。

たとえば、厳しい質問を上場会社の経営者にぶつけたときに、その経営者がどんなリアクションをしたのかも、大きな情報です。これはレポートには表れにくい部分です。

こんなこともあります。

決算発表で予想より悪い発表をしたとします。それによって株価が下がりました。普通に考えればマイナス要素ですが、よく見ると、先行投資に経費がかさんだのが原因かもしれません。その効果が出始めれば、株価が上がる可能性があります。

会社訪問をしてしっかりと情報収集しているファンドマネージャーであれば、このタイミングで自信を持って買うことができます。

また、円高で株価が下落しているときに、トヨタ自動車を組み入れ銘柄トップにしている投資信託はけっこうあります。円高のときは、輸出企業は不利ですから、円高に強い輸入企業を組み入れるなど、やりようがあるはずです。

ではなぜ、トヨタ自動車を組み入れ、比率トップにしている投資信託が多いかわかりますか？　それはトヨタ自動車がＴＯＰＩＸの組み入れ比率トップだからです。これはトヨタ自動車の株価の動きがＴＯＰＩＸに与える影響が大きくなるということです。

つまり、多くの日本株で運用する投資信託はＴＯＰＩＸをベンチマーク（基準）に置いてそれ以上のパフォーマンスを出すことを運用の目的にしています。だから、ＴＯＰＩＸと同じような銘柄を組み入れる傾向が高いのです。

こういう視点で見ても、運用者が何を考えて運用をしているのかを知ることは、パフォーマンスに大きな影響を及ぼします。

3つ目は**分散しすぎず集中投資をしていることです**。5年、10年といった中長期的なスパンで見たときに、相場全体は下がっていても、株価が上昇している会社はたくさんあるわけです。

そのような会社に集中投資をすると、短期的には下がることもありますが、相場全体が下がるときでも中長期的に見れば、きちんと上昇します。

図27のチャートはITバブルピークの1999年末からアベノミクスが始まった2013年の6月末までのTOPIXのチャートです。TOPIXは13年間で約マイナス34％です。

その中で株価がプラスだった会社はどのくらいあるでしょうか？

実は約65％にも及びます。**つまり、100社中65社の株価はプラスなのです**。

あなたもよく知っている会社で言えば、**ニトリやユニクロ（ファーストリテイリング）は何倍にもなっているのです**。**株価が2倍以上になった会社**はどれくらいあるのかを調べ

図27　相場全体が下がっても株価が上がっている会社は多い

出典：ポートフォリア

てみると、**１００社中30社**になります。

多くの会社の株価は上昇し、株価が2倍以上に上昇した会社も3割近くあることになります。市場全体が長期間下落していても、「良い会社」に集中投資していけば、プラスになります。

　ではなぜ、ＴＯＰＩＸは下がってしまうのでしょうか？

　それは、ＴＯＰＩＸが大企業の株価指数だからです。ＴＯＰＩＸは大企業の構成比率が高い指数です。大企業とは、すでに成長してしまった会社、成長余力があまりない会社とも言えます。

株価が上がる会社が１００社中３社であれば見つけるのは難しいでしょうが、**１００社中65社であれば、見つけられる**のではないでしょうか。しかも、１社だけを買うわけではありませんから、ある程度分散効果も得られます。だからこそ、ファンドマネージャーがしっかり足を運んで会社を見極めることが大事なのです。

良い戦略の投資信託の具体例

では、ここで良い戦略の投資信託の例を紹介します。図28はＡファンドの２００８年９月30日から２００９年９月30日までの基準価額の推移です。

リーマンショックの２週間後という最悪のときに運用が始まりました。その後、１年間でＴＯＰＩＸはいったん30％以上も下落して約マイナス16％まで戻りました。

これに対しＡファンドは、約プラス20％になりました。**ＴＯＰＩＸとの差は約36％**もあります。

なぜここまで差がついたのでしょうか？　前述の良い戦略のポイントが３つとも揃って

図28　良い戦略の投資信託の例：Aファンド

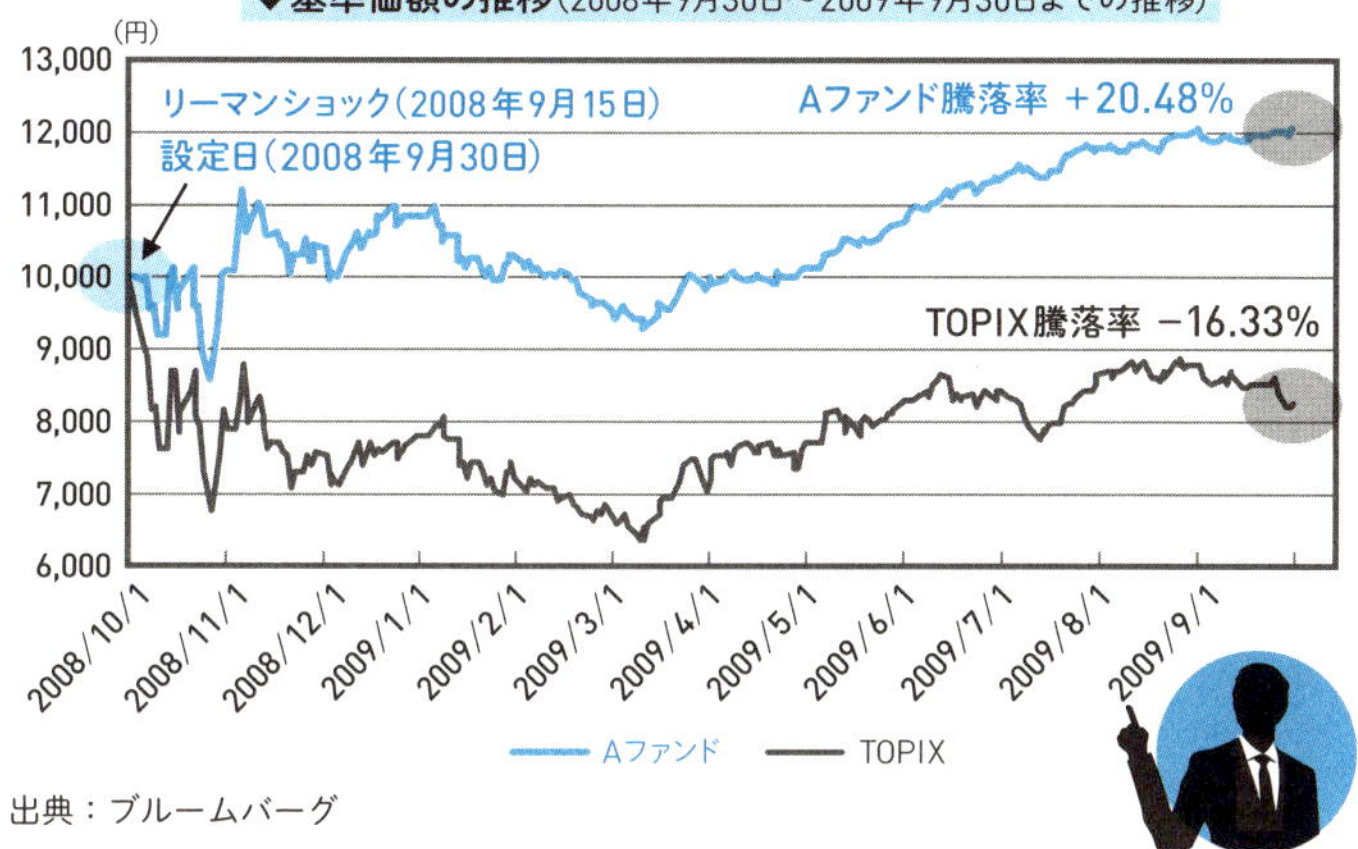

出典：ブルームバーグ

いるからです。

2009年9月30日当時の月次レポートを見ると、資産の約半分を現金にしています（図29）。そうすると下げ幅を抑えられるだけでなく、株価が下がったときに買えます。ファンドマネージャーの腕は、銘柄選定能力ですが、組み入れ上位銘柄にそれが表れています。

当時は2009年ですから2年後まで円高が続きます。円高の悪影響を受けるトヨタ自動車などの輸出系の企業が一切入っていません。**円高・デフレに強い企業がズラッと並んでいます。**組み入れ銘柄のトップはニトリです。ニトリは海外で安く生産して、日本で販売します。輸入企業です。とすると、円高はメリットになります。さらに「お、ねだん以上」のものを提供す

図29　Aファンドの運用内容

Aファンドの資産内訳
（2009年9月末）

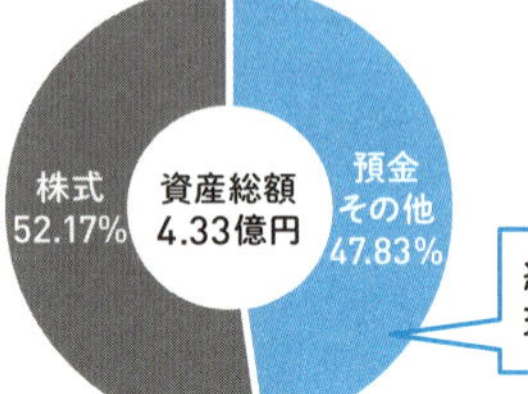

約半分は
現金にしていた！

Aファンド組み入れ比率上位銘柄
（組み入れ銘柄数27銘柄）

	銘柄名	業種	比率
1	ニトリ	小売	5.47%
2	タビオ	卸売	4.71%
3	総合メディカル	サービス	4.67%
4	アスクル	小売	4.41%
5	ファーストリテイリング	小売	4.19%
6	ヤマダ電機	小売	3.68%
7	ツムラ	医薬品	3.51%
8	ワタミ	小売	3.44%
9	スタジオアリス	サービス	2.89%
10	第一三共	医薬品	2.61%

トヨタ自動車など、TOPIX上位企業や円安に有利な輸出企業が入っていない

円高やデフレに強い企業が並んでいる

出典：レオス・キャピタルワークス

る、デフレに強い企業です。
その結果、消費者に支持されて売上が上昇、利益アップ、株価も上昇しました。ニトリ以外にも同じような銘柄が並んでいます。Aファンドは27銘柄に集中投資することで、これだけの実績を実現しています。

もう1つ、Bファンドを紹介しましょう。日本株で運用するファンドですが、良い条件が揃っています。
日経平均株価と比較してみ

図30　良い戦略の投資信託の例：Bファンド

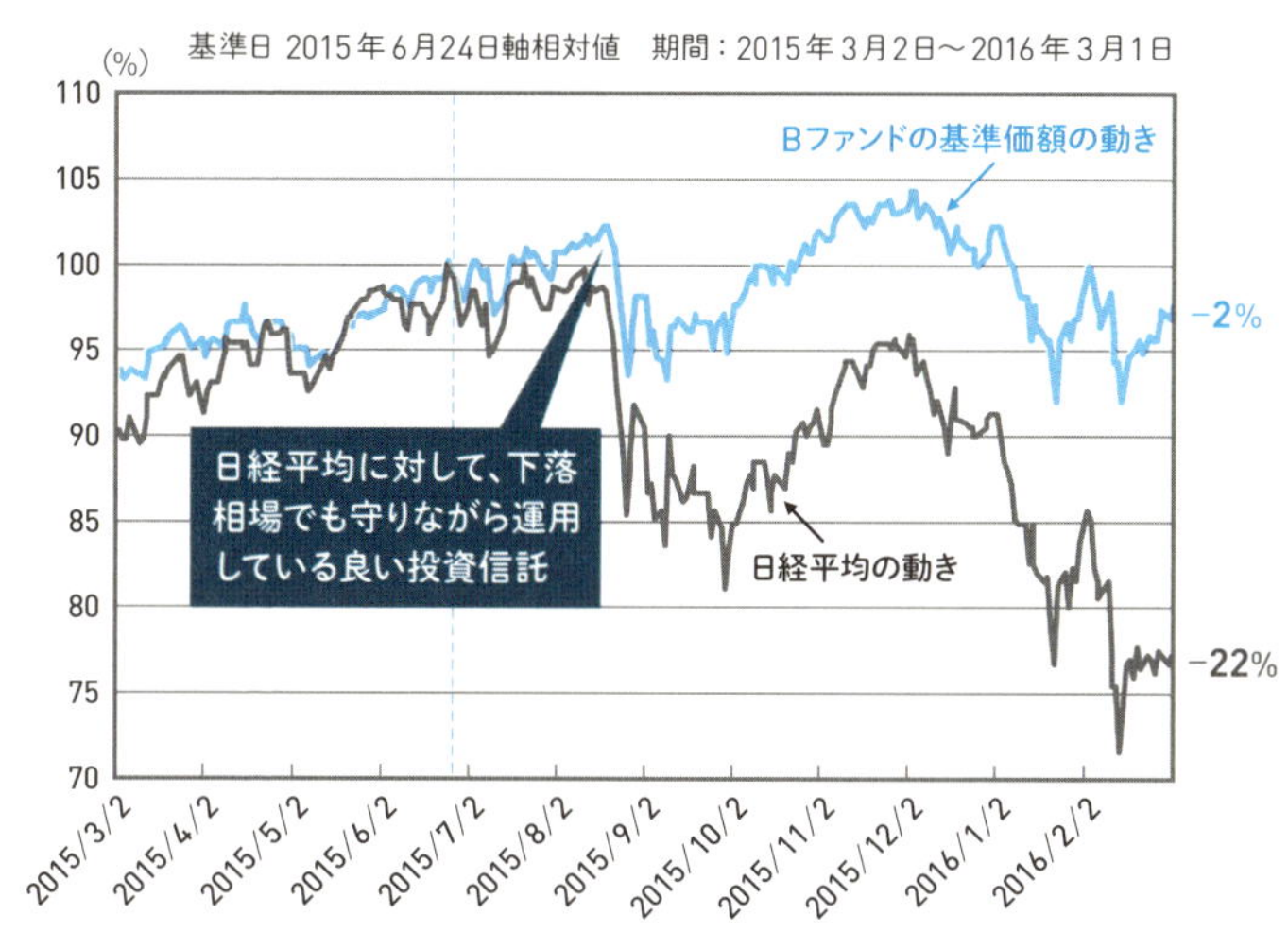

出典：ブルームバーグ

ましょう。図30のグラフ内に縦の線を入れているところが2015年6月24日です。日経平均株価はおよそ2万800円です。

この1番高い日を100とした場合で比較しています。日経平均株価はその後、スルスルスルと下がっていきます。そして、**日経平均株価がマイナス22%のときにBファンドがどうなったかを見ると、マイナス2%です。**このBファンドもやはり相場が下落しているときにフル投資せず、現金比率を高めていました。

優秀だとは言えますが、ゴールベースの運用で5%の運用を目指す人がこのファンドを単独で保有していたら、目標を達成できません。確かに良い戦略の投資信託ですが、デメリットもありますので、**単独で保有するのは、やめたほうがいい**のです。

そこで、相関性が低いものを組み合わせることが重要になります。

図31を見てください。Bファンドと相関性の低いCファンドを組み合わせた場合です。値動きを相殺しつつ、プラス3％の成果を出しています。

さらに、B、C、D、Eと相関性が違う4つを組み合わせると、値動きはさらに安定していきます（図32）。

このように、良い戦略の投資信託を選んで組み合わせれば、一括投資でも十分なリターンを確保することができます。

一括投資は分散しながら安定的に運用をすることが重要です。

では単独で、将来性が期待できる成長企業に投資するような投資信託やフル投資型の投資信託は買ってはいけないのかというと、決してそうではありません。価格の変動は大きくても長期保有すれば魅力的です。このような投資信託は一括ではなく、積立投資をお勧めします。第5章で詳しく紹介していきましょう。

図31 「逆相関」の2つの良い投資信託の組み合わせ ：Bファンド+Cファンド

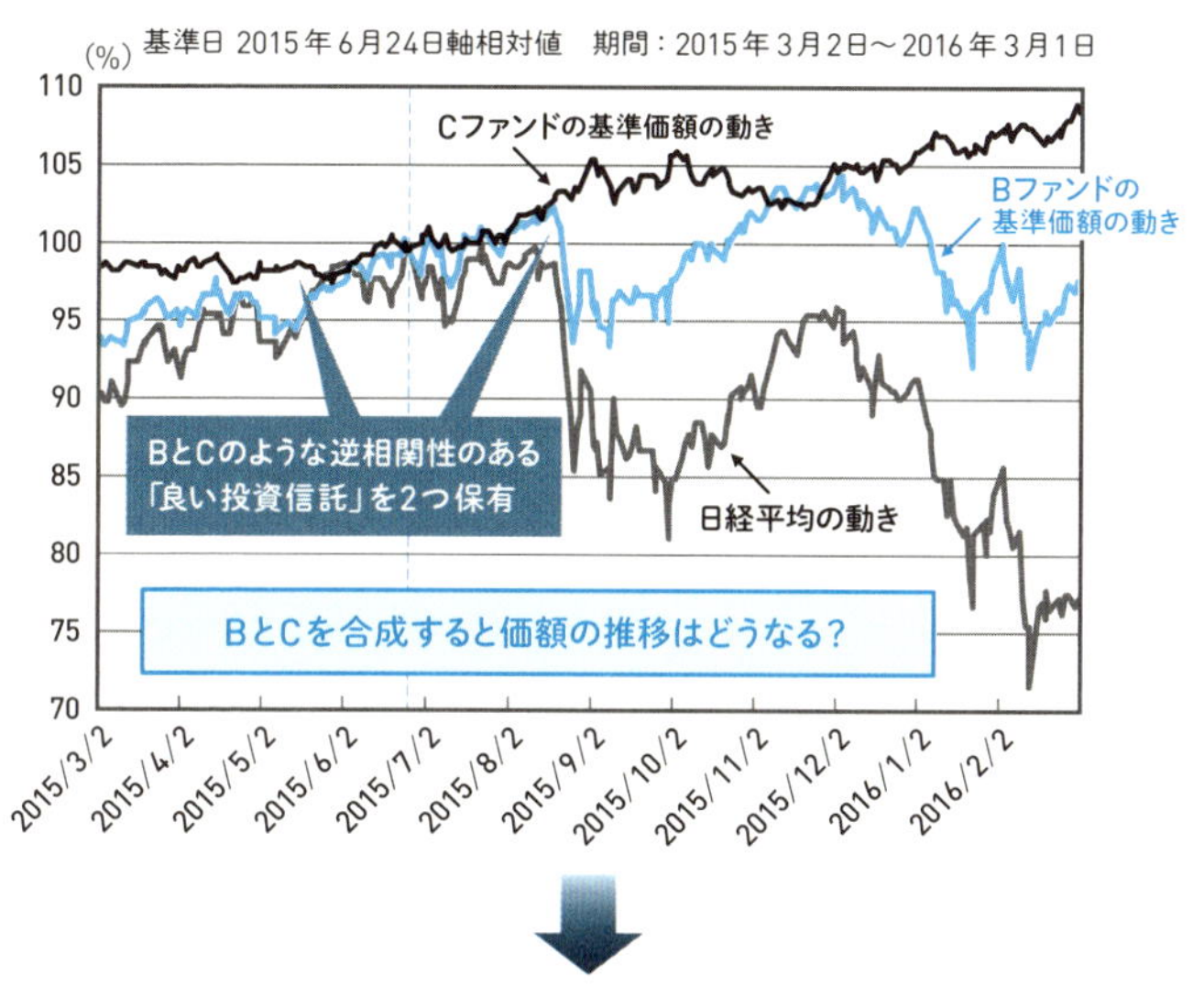

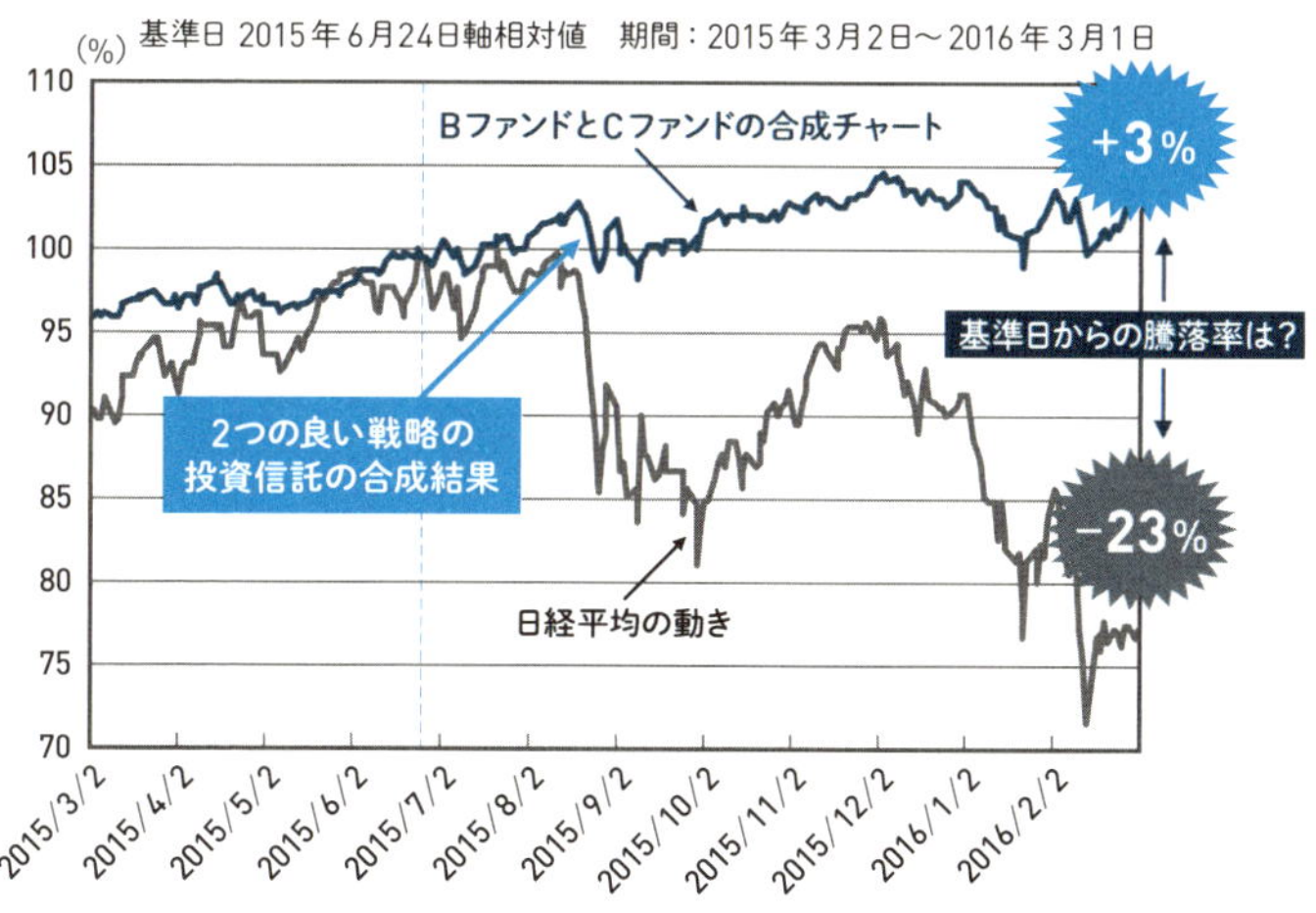

出典：ブルームバーグ

図32　4つの投資信託の組み合わせ例：B+C+D+E

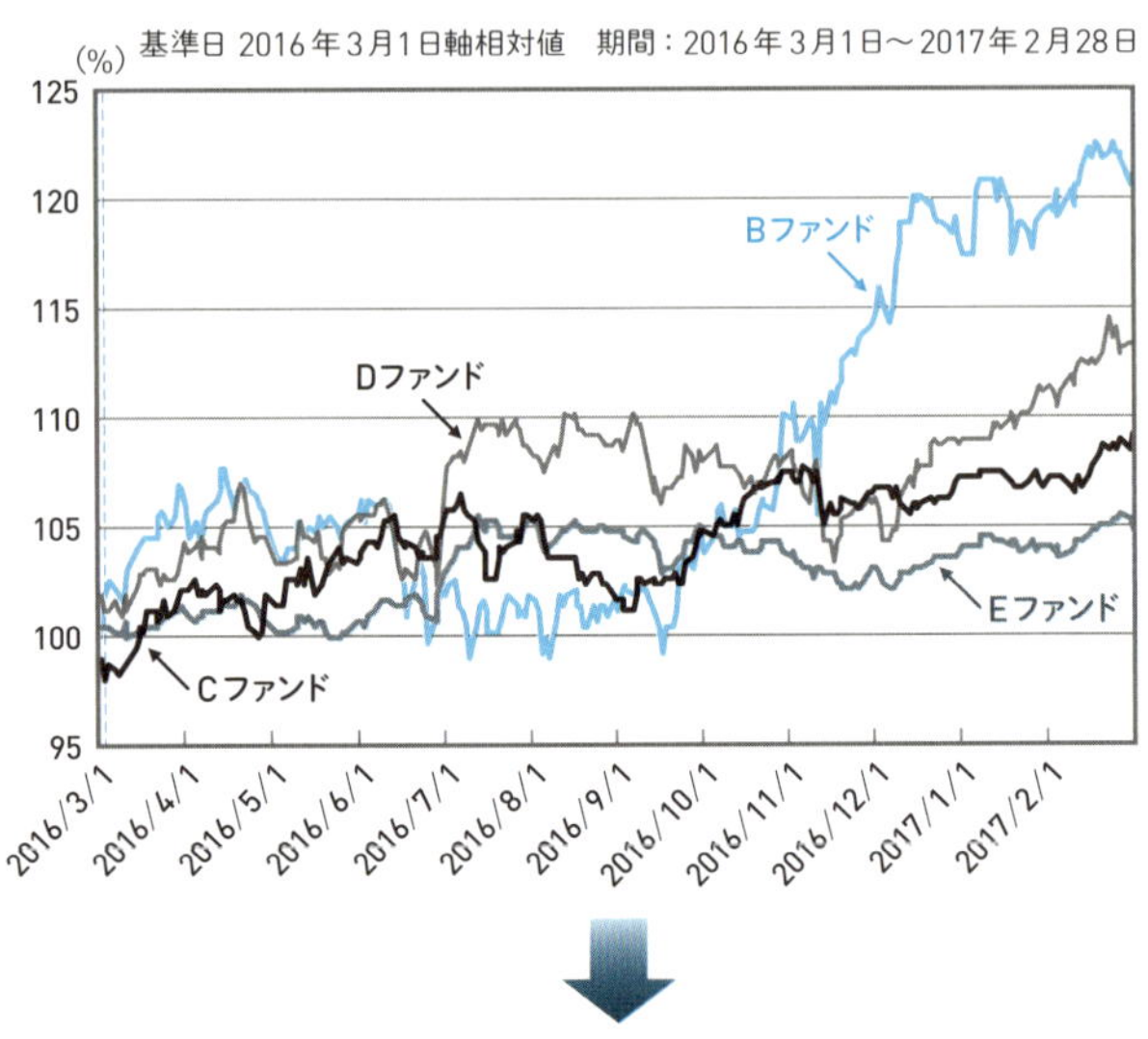

出典：ブルームバーグ

第4章のまとめ

- 投資の王道である国際分散投資は、各資産の相関性が高まっている(同じような値動きをする)ため効果が出づらくなっている。また、円から投資をする日本人にとっては、相場下落時に為替差損が発生するためさらに難易度が増している。
- 良い戦略の投資信託を保有する。
- 異なる戦略の投資信託を組み合わせて少しでも相関性が低くなるようにする。

column 4

なぜ、世界中で資産価格の相関性が高まっているのか

世界には、さまざまな資産が存在します。株式、国債、社債、不動産等が主たる伝統資産と言えます。また、各資産は各国通貨で各々取引されており、通貨別にすべての資産を並べれば、膨大な数になります。そして、これらの各資産が「互いに独立」して動く限り、すべての資産が同時に下落する可能性は低くなります。

「すべてのタマゴを同じ籠に盛ってはならない」という金言は、これを前提にした考え方です。たとえば、株式投資なら異なる国の異なる業種に分散投資しておけば、同時に下落するリスクを軽減できることになります。このような取引を、国際分散投資と呼びます。

２０００年以前は世界中の資産に分散投資すること自体が大変手間がかかることであり、一部の大口投資家だけが行うことができる特権と言えましたが、近年ではさまざまな低コストのインデックスファンドやＥＴＦが開発されており、ネットを通じて

誰でも自宅でできる取引に変わりつつあります。

国際分散投資が成功するか否かは、各資産が「互いに独立」して動くか否かにかかっていますが、国境を超えて活動するグローバル企業の巨大化、世界中の金融資産を24時間体制で運用するヘッジファンド、銀行、投資銀行等の巨大化により、この前提が崩れつつあります。

世界の金融動向、企業活動は、互いに独立どころの話ではなく、ますます均質化する傾向があるからです。たとえば、東証1部上場企業の海外売上比率は3割を超えており、米国S&P500指数採用企業の海外売上比率は4割を超えています。

自動車株に投資する場合、ドイツ（BMW）と日本（トヨタ自動車）に分散投資をしても、両社の活動地域や活動内容に本質的な違いがなくなっています。銀行も同じです。スイスのUBSや日本の三井住友銀行に本質的な差異はありません。

1995年当時は世界の経済規模（GDP）と金融資産は同じくらいの規模でしたが、近年では金融資産が経済規模の4倍近い金額へ膨れ上がっています（マッキンゼー調査）。世界の巨大銀行上位20行の総資産は約42兆ドルに達しており、これだけで世界のGDP80兆ドルの約5割を占めています。

これらの巨大化した銀行、ヘッジファンド、投資銀行等があらゆる金融資産を24時間体制で取引しています。もはや金融取引に国境という概念がなく、金融の世界では文字通り「世界は1つ」になっています。

裏返せば、特定の国の危機・トラブルが一瞬で世界中へ伝播するリスクを高めています。リーマンショックはこのことを世界に証明してしまいました。

リーマンショックの始まりは、米国内で急増した低所得者向け住宅ローンの焦げ付きでした（サブプライムローン）。この住宅ローンが証券化され、世界中の金融機関に保有されていたのです。

米国の生保、ドイツの地銀、日本の信用金庫等が積極的にこれを購入していました。本来は米国内で生じたローカルな金融問題のはずでしたが、グローバルな金融取引を通じてあっという間に世界へ伝播しました。

世界中の金融機関が互いに疑心暗鬼になり、世界の金融取引が同時かつ完全に機能停止に追い込まれました。これがリーマンショックです。

このように、特定の国の経済問題が一瞬で世界中へ伝播するリスクを高めています。

下がってよし！上がってよし!!の、積立投資

投資信託 失敗の教訓――成功の秘訣は「相場を予測しない」

10年間で600万円が3000万円に!?

現役世代の資産形成の王道は積立投資です。毎月数万円の積立でも継続すれば大きな金額になります。月数万円ずつの積立投資で10年後に数千万円の資産形成をする。そんなことも可能です。

毎月5万円ずつ積立貯金をしたとしましょう。10年継続できれば600万円になります。悪くないでしょう。しかし、運用成績の良い投資信託で毎月5万円を10年間運用していたら、もっと資産が増えていたのです。

図33はSBI中小型割安成長株ファンド（愛称：Jリバイブ）に2008年1月から2017年12月まで毎月5万円ずつ積立投資をした際の運用成績です。10年間の投資額は600万円に対して、評価額は約3054万円まで増えているのです。

本章では資産形成の王道、積立投資について詳しく解説します。

図33　SBI中小型割安成長株ファンドの運用成績

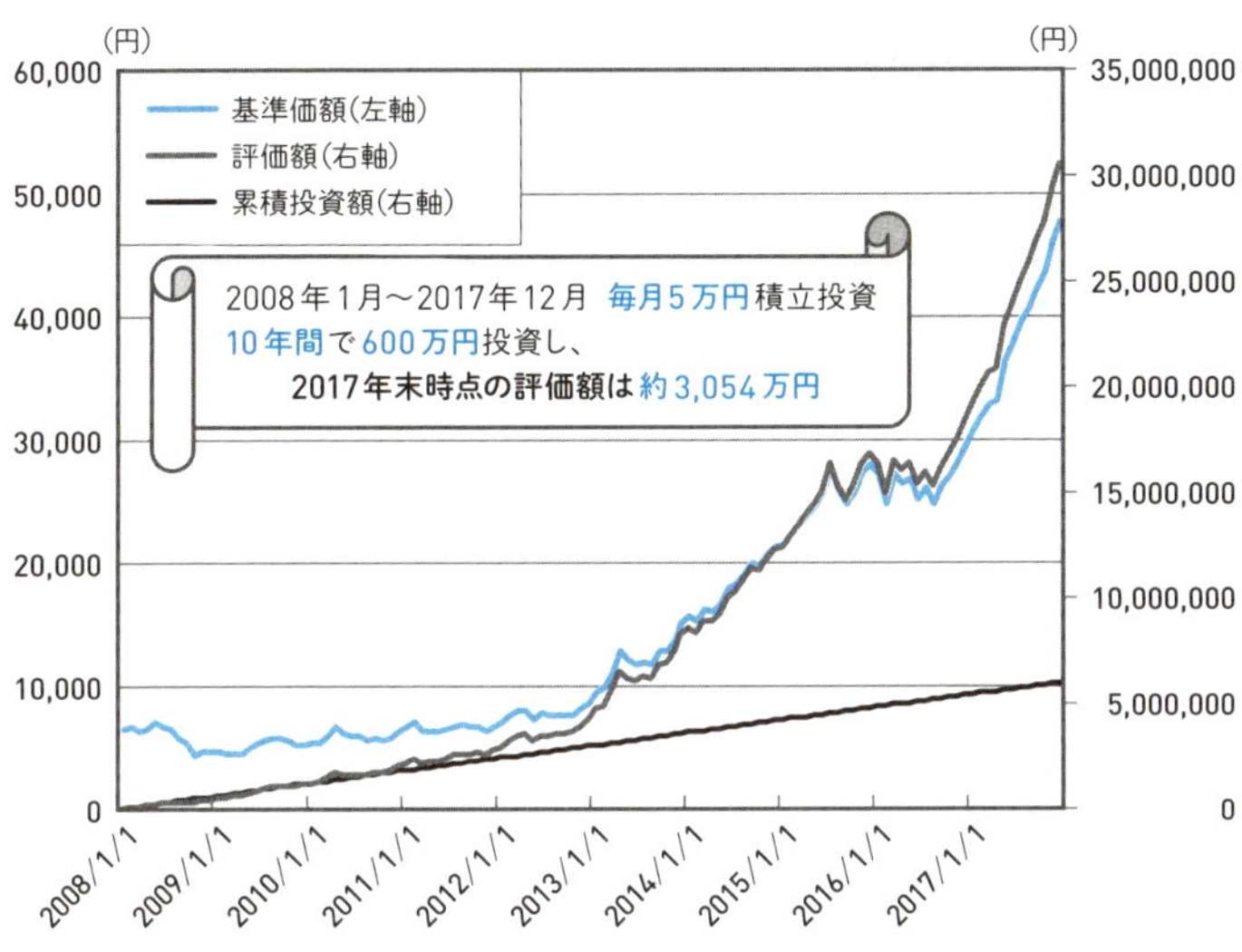

出典：ブルームバーグ

資産運用の大原則。すべては「価格×量」で決まる

第3章ではゴールベースアプローチが重要であることを解説しました。ゴールを明確にしなければ、資産運用の戦略を練ることはできないからです。

ゴールベースの資産運用では、相場を予測する必要がありません。日々の価格変動に一喜一憂する必要がないので、**相場が気になって仕事が手につかない、ということもありません**。

また、ゴールベースの資産運用では、長く続けることが最大のポイントであることも紹介しました。長期で資産形成をしていくには、積立投資が最適です。自動的に積立ができる仕組みを作ってしまえば、忘れたり、途中で心変わりしたりすることが少ないからです。

そこで第5章では、ゴールベースの資産運用を実践するために必要な積立投資の基本について紹介していきましょう。

まず理解していただきたいのは、資産運用の公式です。

✧資産運用の公式

資産運用の成績＝価格×量

いかがでしょうか？　とてもシンプルですから、当たり前のことに見えるかもしれません。しかし、これこそが重要なのです。

順を追って説明していきますので、もう少しお付き合いください。

具体例を公式に当てはめてみましょう。たとえば、株式投資なら「株価×保有している株数」で時価が計算できます。これが資産価値です。投資信託なら「基準価額×口数」で価値が決まります。

図34　一括投資と積立投資の違い

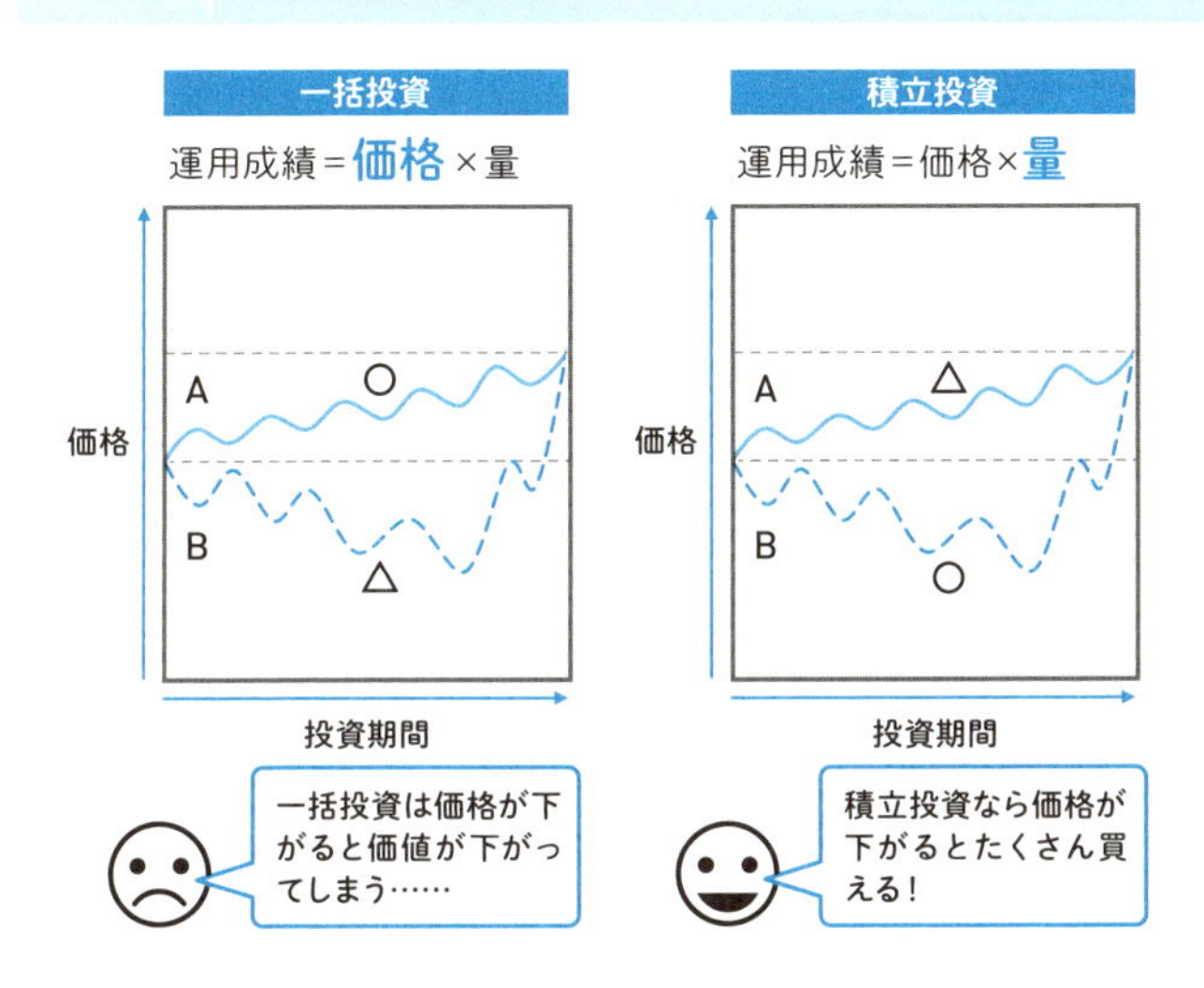

そもそも資産運用の方法には、一括投資と積立投資の2つがあることは第1章でも紹介しました。

もう1度復習すると、一括投資は、1度にまとめてポンと投資するやり方です。金額は関係ありません。10万円でも100万円でも、まとめて投資をすれば一括投資です。

一方で積立投資は、毎月コツコツ同じ金額の投資を続けることです。

そこで図34を見てください。値動きの違うAファンドとBファンドに、一括投資と積立投資をした場合の違いを示しています。

AもBも最終的には同じ価格まで上昇しています。ただ、Bは途中でいったん値下がりをして最後に挽回しています。Aは細かい上下を繰り返しながらも順調に価格が上がっていきます。

一括投資では、投資した後に価格が下がると、ハラハラドキドキします。AとBを比較すると、**一括投資をするならAのほうが好ましい**と言えます。

積立投資では毎月同じ金額を投資していきますので、価格が下がると量をたくさん購入できます。Bのような値動きをすれば、こんなふうに思うはずです。

「価格が下がったからたくさん買える！」

一括投資では価格が下がることはマイナスですが、積立投資ではプラスになるのです。

つまり、一括投資と積立投資とでは発想が真逆ということです。

ここで、先ほどの公式を思い出してください。資産運用の成績＝価格×量です。

積立投資なら価格と量の2つの要素で資産運用の成績が決まるので、価格が下がっても量が増えれば、成果を受け取ることができます。

ところが一括投資では、最初に量が決まってしまう（量が固定される）ので、**価格で勝負するしかありません**。価格が上がれば成果を手にできますが、価格が下がれば損失を被ります。

公式の重要性を理解していただけましたでしょうか。

そして、この公式にはもう1つ、重要なポイントがあります。**「量は1度増えたら減らない」**ことです。

価格は上がったり、下がったりします。しかし、積立投資で増えた量は2度と減ることはありません。100口の投資信託を保有していれば、それが90口や80口に減ってしまうことはないのです。

というわけで、**量を味方につける投資が積立投資**なのです。

値下がりを続けたら、積立投資でも意味がない？

しかし、少し詳しい人なら、こんなふうに思うかもしれません。

ずっと値下がりを続けたら積立投資でも意味がないんじゃないの？

確かにその通りです。株式投資であれば、株価がどんどん下がっていって、最後に倒産してしまったら、保有している株式は紙くずになってしまいます。

しかし、投資信託であれば、基本的に分散投資をしています。株式のように価値がゼロになることはまずありません。とすれば、価格が下がっていっても、どこかで上向くときが来ます。

積立投資であれば、価格が下がっている間に、どんどん量を増やしていますので、**価格が少し上向くと、資産運用の成果は大きく回復**します。価格と量の掛け算だからです。

具体例で見てみましょう。

図35は１９８９年末の日経平均株価が最高値をつけたとき以降の、日経平均株価に毎月1万円を積立投資した際に、いつ黒字化しているかを示したチャートです。バブル期に日経平均株価に一括投資をしたら、もちろん損をしています。

しかし、積立投資をした場合には、株価が半値近くでも利益が出ているのがわかると思います。安いときに量を買い込むことで、損益分岐点がどんどん低下しているのです。

積立は相場が下落しても大丈夫ということがわかりました。では、上昇し続けた投資対象に積立をした場合はどうでしょうか。図36は、１９７３年から２０１６年まで毎月５万

図35 1990年(バブル崩壊後)から日経平均株価で積立をすると……

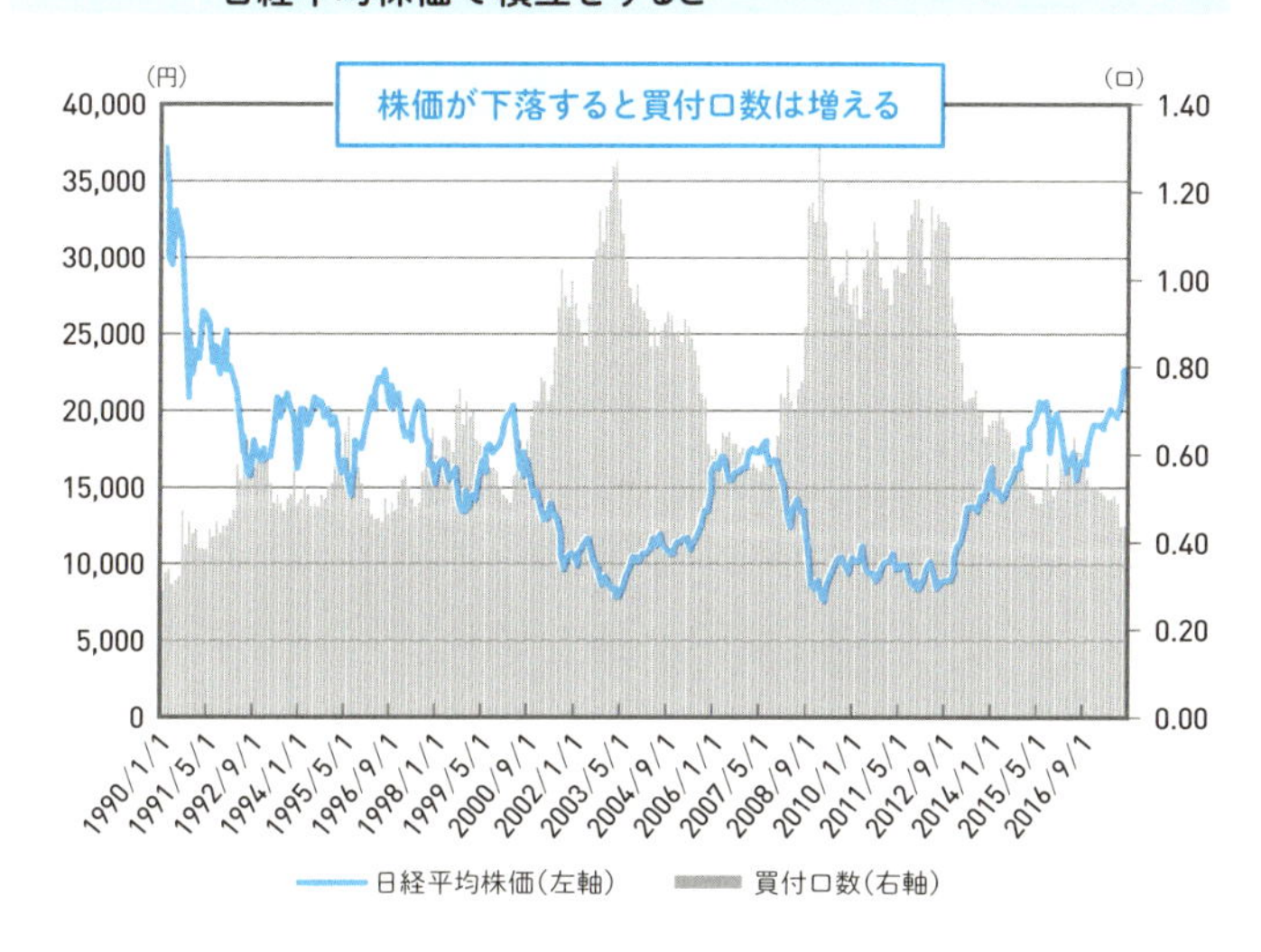

出典：ブルームバーグよりFS作成

図36　海外で主流のドルコスト平均法

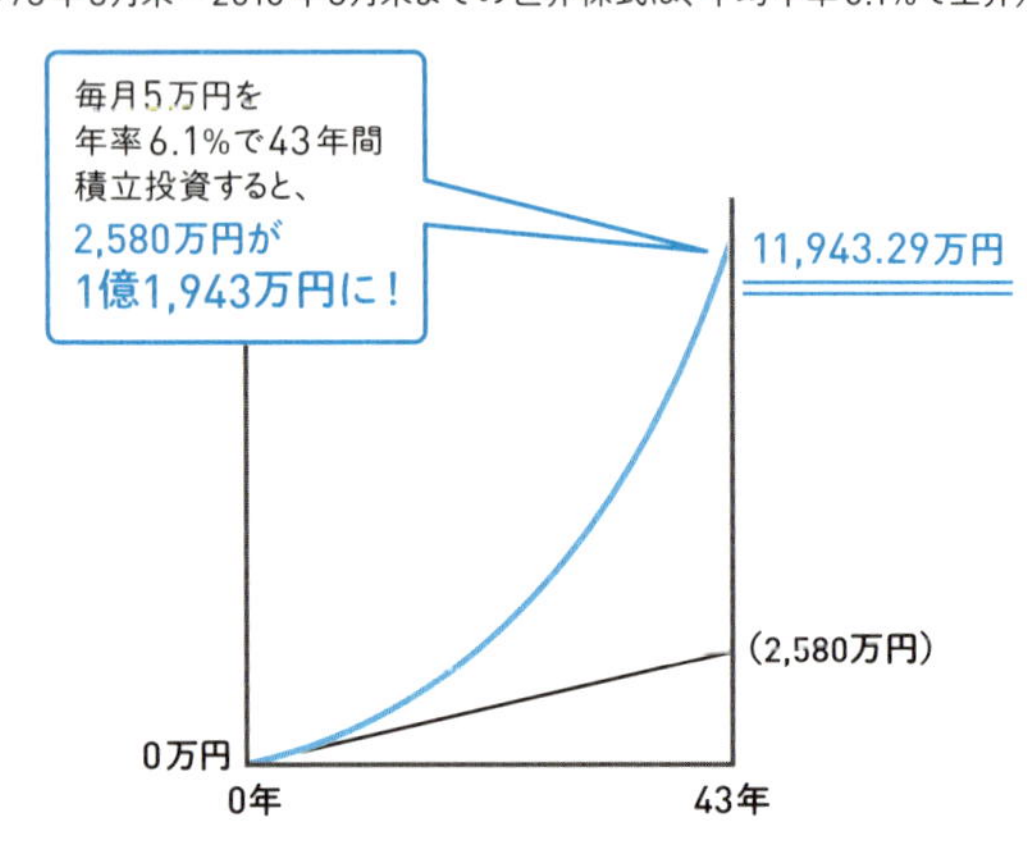

円を年率6・1%で上昇したファンドに積立投資した場合の運用成績です。

期間は実に43年です。20歳のときに投資を始めていれば、64歳の時点でこの成果を手にできたことになります。

投資金額は5万円×12カ月×43年で2580万円です。この間、世界株式は平均年率6・1%で上昇しました。

結果、資産は1億1943万円に増えたのです。

毎月コツコツ同じものに積立投資を行い、**量を増やしていく方法をドルコスト平均法**と呼びます。欧米ではこのドルコスト平均法を活用した資産形成が主流なのです。

一括投資では価格変動があると心配になりますが、ドルコスト平均法を活用すれば、価格変動することがむしろメリットになります。

途中で値下がりはあってもいいのですが、どこかで価格が上向かなければなりませんので、**価格変動はあっても将来的に価格上昇が期待できるものに投資する**ことが重要です。

具体例で説明していきましょう。

図37は毎月1万円を10年間積立投資した例です。スタート時の価格は1万円でした。その後、価格は下がり7年目には２０００円まで下がってしまいます。８割も価格が下がってしまったことになります。

一括投資であれば、どこかで耐え切れなくなり、売却していたかもしれません。しかし、積立投資であれば、価格が下がるほどたくさん購入できます。

スタート時点では１口＝１万円だったので１口しか買えませんでしたが、１口＝２０００円まで下がると、５倍の５口が購入できます。

そして、10年後には価格が５０００円まで上昇しました。スタート時点と比べると、半分まで戻ったことになりますが、運用成績はどうなったでしょうか？

10年間の投資金額は１２０万円です。購入できた投資信託は２７８口になりました。公

図37　ドルコスト平均法を活用した例

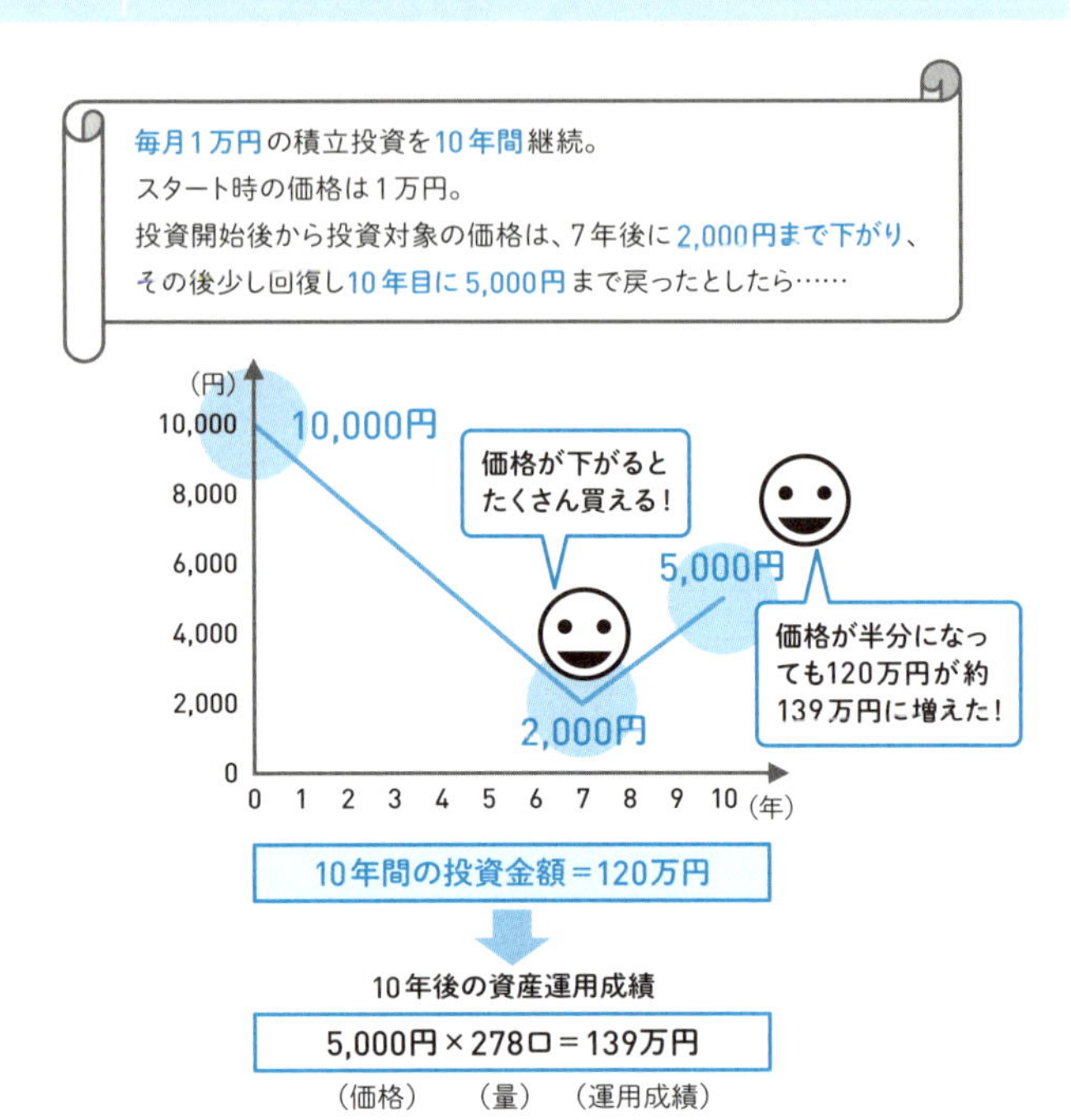

式に当てはめると、５０００円×２７８口で１３９万円です。１２０万円が１３９万円になりました。

価格が半分になったにもかかわらず、お金は増えていたのです。これこそが積立投資の威力です。

仮に１２０万円を一括投資していたら、10年後には60万円まで値下がりしていました。

では、いったん値下がりした後、**V字回復した場合**にはどうでしょうか(図38)。

たとえば、基準価額が１万

図38　V字回復した例

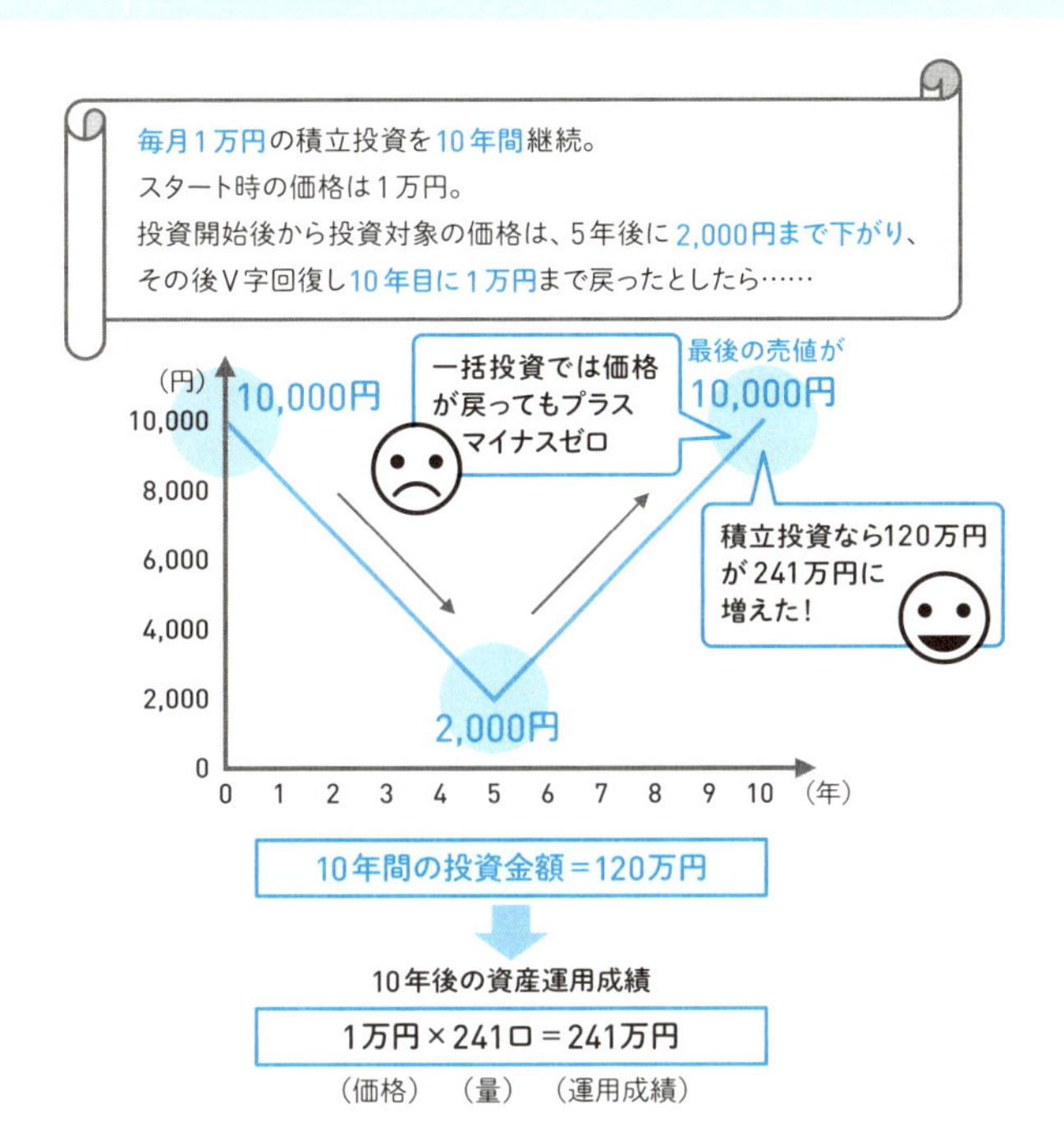

円だった投資信託が5年後に2000円まで下がり、10年後に1万円に戻ったとしましょう。

この投資信託に先ほどと同様に、毎月1万円ずつ、10年間投資をしたと仮定したものです。スタート時点では1万円だった投資信託が5年後に2000円まで下がり、10年後に1万円にV字回復したとします。

こんなときにスタート時点で、100万円を一括投資していたらどうでしょう。投資した途端にジリジリと価格が下がっていきます。9000円になり、8000円になり……もう、心配で夜も眠れないかもしれません。

さらに、7000円、6000円になっても下げ止まりません。この辺で我慢できなくなって売却してしまうかもしれません。6000円で**売却すれば40万円の損失**が確定します。

売却しなかったとしても、値下がりしていることを受け入れることができず、**記憶から消し去ろうとするでしょう。株式投資で言う塩漬けの状態です。**

その後も値下がりが続き、2000円まで下がってようやく下げ止まります。リーマンショックの後で言えば、ちょうどアベノミクスが打ち出されて株価が上昇する前夜のような感じです。

いったん上昇を始めると、価格が戻っていきます。久しぶりにチェックすると、含み損が少し減ってきています。その後もどんどん価格が上がっていき、10年後にようやく自分が買った価格まで戻ります。

このとき、多くの人はどうするでしょうか。おそらく、売却するでしょう。損しない価格まで戻ったので、資金を引き揚げて**〝2度と投資などしない〟**と心に誓います。こういう経験をした人は日本に数多くいます。

では、積立投資をしていたらどうでしょうか。

1万円が2000円まで下がって、1万円に戻って終わりました。毎月1万円ずつ、10年間で120万円を投資しています。この120万円は241万円になっています。**2倍に増えている**のです。

途中で値下がりしたときに多くの量を買うことができたからです。資産運用では、価格とともに量がとても重要なのです。

理解を深めるために、クイズです！

ここでもう少し理解を深めていただくために、クイズを出します。

図39には、架空の投資信託6本の値動きがグラフになっています。運用期間は20年です。

一括投資をした場合に、20年後に最も資産が増えているのは①です。これは単純です。

一括投資の場合には、最後に価格が最も高いものが最も資産は多くなります。

公式を思い出してください。資産運用の成績＝価格×量でした。6本の投資信託は、い

図39　最も成績の良い投資信託はどれ？

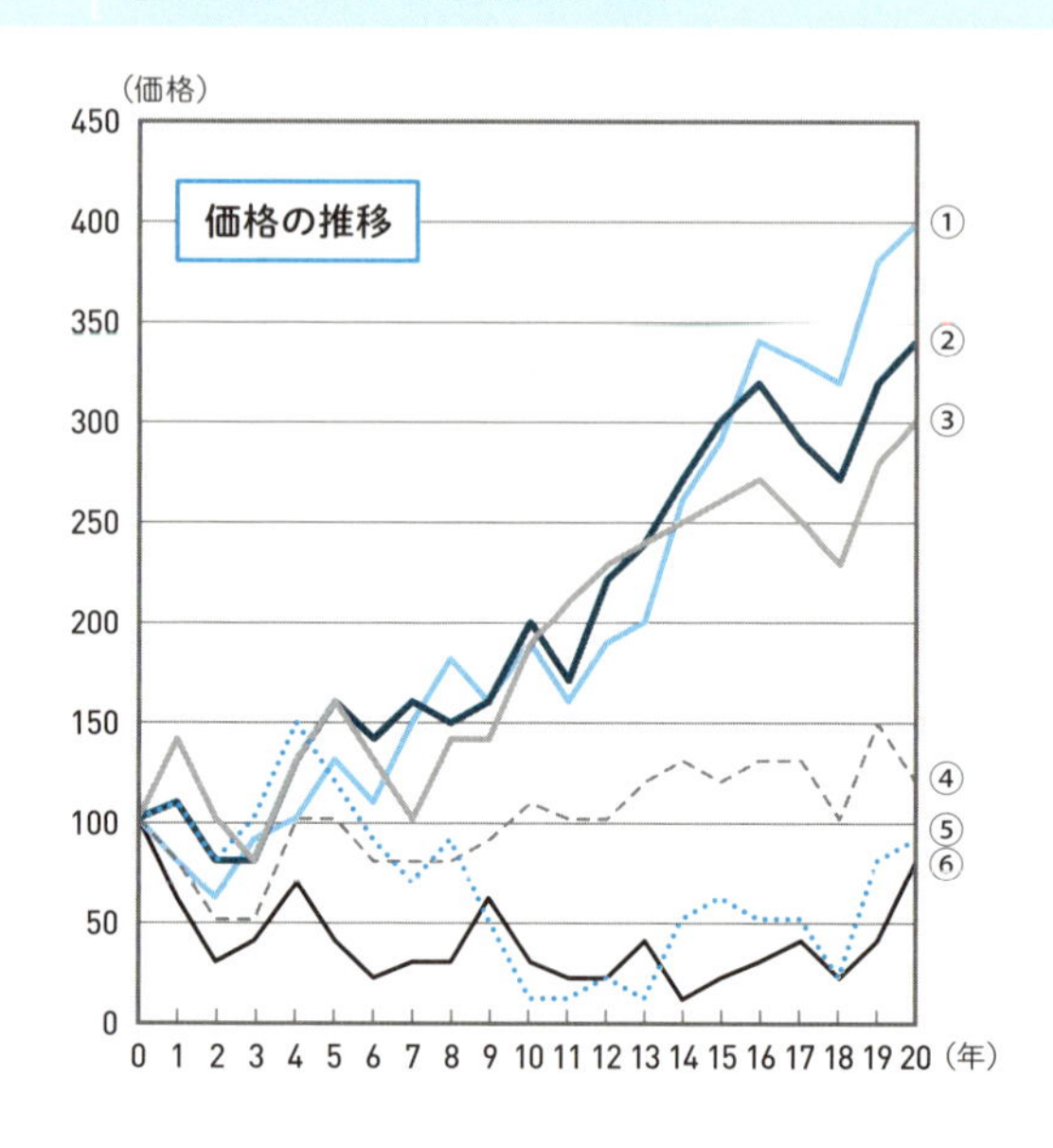

ずれも最初の価格は100ですから、購入できる量はどれも同じです。

量が同じであれば、価格が最も高い投資信託が最も資産は多くなります。

では、積立投資をした場合には、どうでしょうか？　毎年1万円ずつ、20年間投資した場合、あなたはどれが1番成績が良いと思いますか？　答えは図40を見てください。

最も運用成績がいいのは、なんと⑥です。どうですか？　価格の推移では、どう見ても運用成績がいいとは思えません。過去の運用実績が⑥のような投資信託があったとしても、買いたいと思う人は少ないのではないでしょうか。

図40　資産額の推移

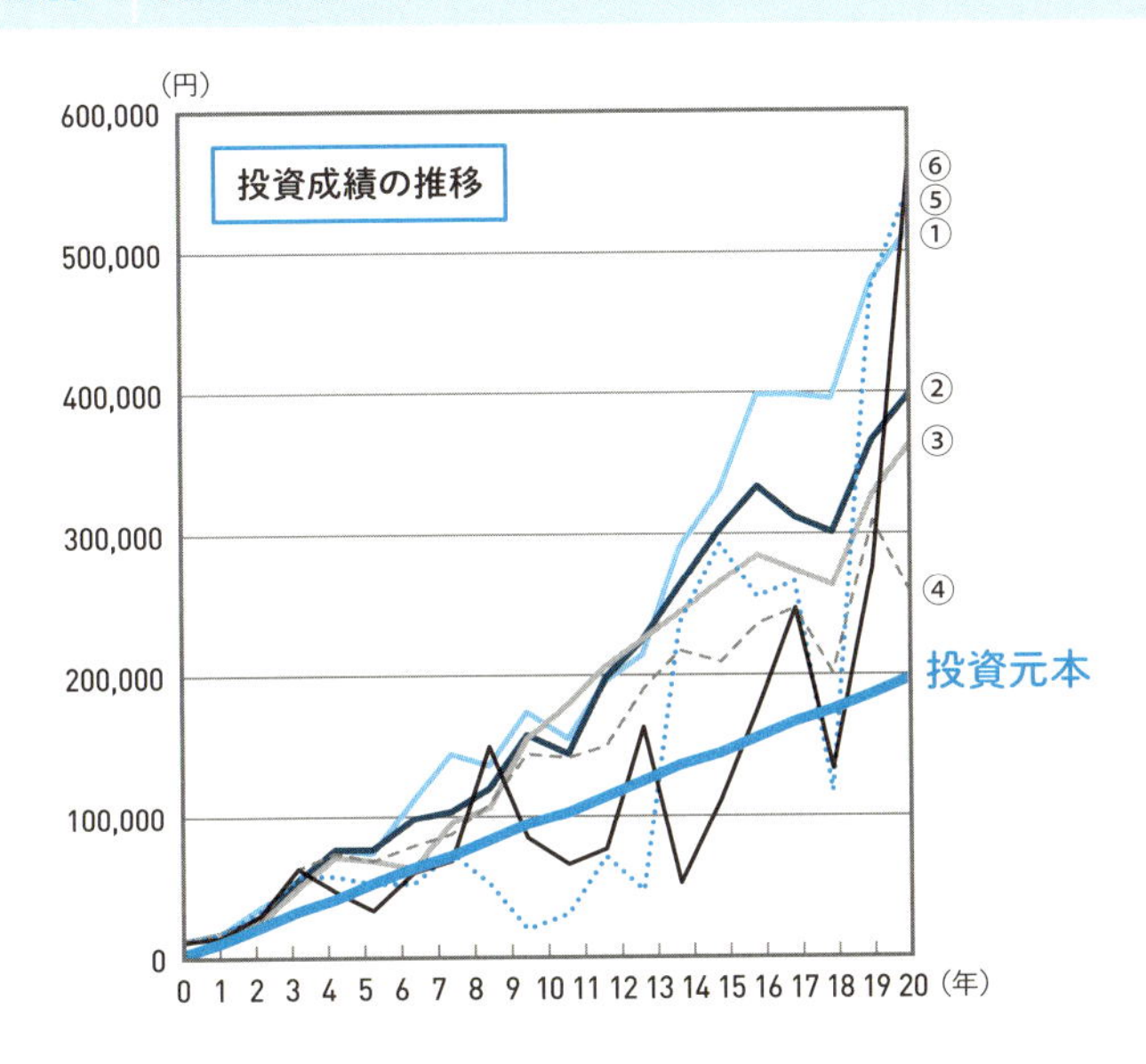

しかし、積立投資をすると、価格が下がることでより多くの量を買い増していけるのです。①から⑤よりも多くの量を買えるので、最後に少し価格が戻っただけで、資産運用の成績がトップになるのです。

20年後に価格が最も高い①も悪くはありません。6本の中で運用成績は3番目です。しかし、量の点で⑥には勝てないのです。

このクイズのポイントは、価格の低迷していた⑥が結局は運用成績がトップになるというのも1つですが、**積立投資をすれば6本の投資信託がいずれもプラス**になっているということです。

図40の太線がトータルの投資額です。20年後の時点では6本すべての運用の成績が太線を上回っています。これが長期で積立投資をするメリットです。

逆に長期で積立をする場合、最も向いていない商品は何でしょうか？

それは、（定期）預金です。なぜなら、価格変動しないからです。価格が途中で下がってくれないので、量をあまり増やすことができません。ですから、運用成績も高くなりません。価格変動のある商品こそ、積立に向いているのです。

一括投資は価格の上昇する投資対象が1番ですが、価格が下がるくらいなら横ばいの投資対象のほうが、損にはならないためいいでしょう。しかし、積立投資は価格が上がっても、下がっても構いません。ただ、**価格が横ばいの投資対象は積立には適していない**のです（図41）。

積立投資に関しては、価格がBのように横ばいならば、むしろCのように大きく下落してくれたほうが、その後の価格上昇時に有利に働くのです。このように一括投資と積立投資では真逆と言っていいほど投資の方法が変わってきます。

図41　価格変動の小さい投資商品を積立ても投資成果は少ない

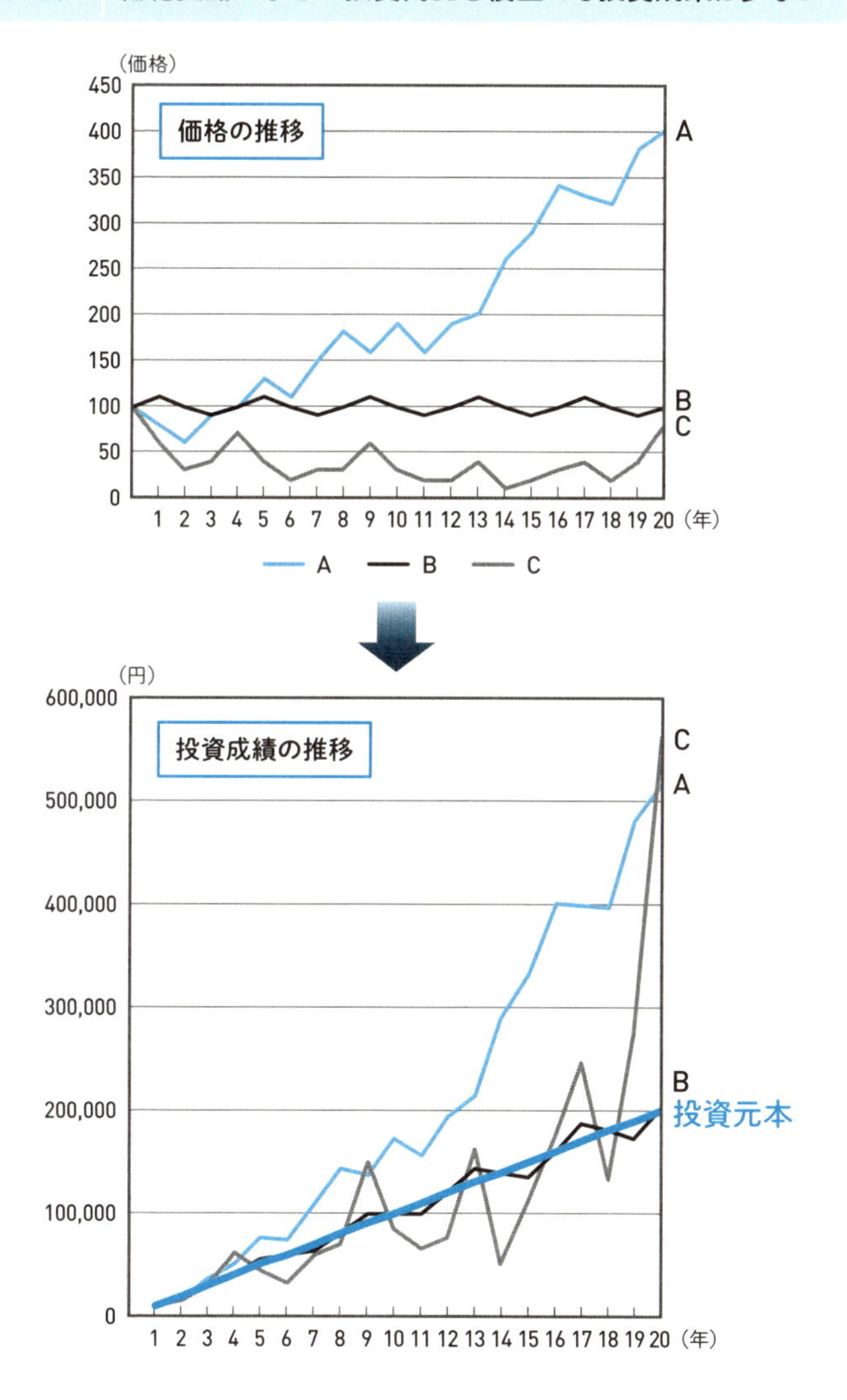

実務をやっていると、積立投資を行っている投資家は堅実な人が多いように感じます。堅実なので積立に選択するのも定期預金、保険の積立、財形、国債ファンドなどの価格変動の少ない商品で積立を行う傾向があると思います。それはすごくもったいない投資方法です。

[事例] いったん値下がりして回復した場合

実際の投資信託で見てみましょう。図42はニッセイ日経225インデックスファンドの値動きです。

日経平均株価に連動するように設計されたインデックスファンドで、日経平均に連動するものでは、**最も残高が多い投資信託です。つまり人気がある**ということになります。

この投資信託で積立をしたらどうなるでしょうか。2006年10月から2016年9月まで毎月10万円ずつを積立した場合で考えてみます。

トータルの投資額は1200万円です。この金額が10年後にどうなったか。答えは約1755万円です。約555万円増えたことになります。なぜ増えたのでしょう。それは、

図42　ニッセイ日経225インデックスファンドの場合

出典：ブルームバーグ

途中で価格が下がったために、たくさん量を買えたからです。

もう1つ例を見てみましょう。

図43はフィデリティ・日本成長株ファンドの値動きです。この投資信託は、日本で最も残高が多い日本株のアクティブファンドです。

この投資信託は、アクティブファンドにもかかわらず、日経平均に連動するインデックスファンドよりもリターンが悪い例です。

この投資信託でも10年間、毎

図43　フィディリティ・日本成長株ファンドの場合

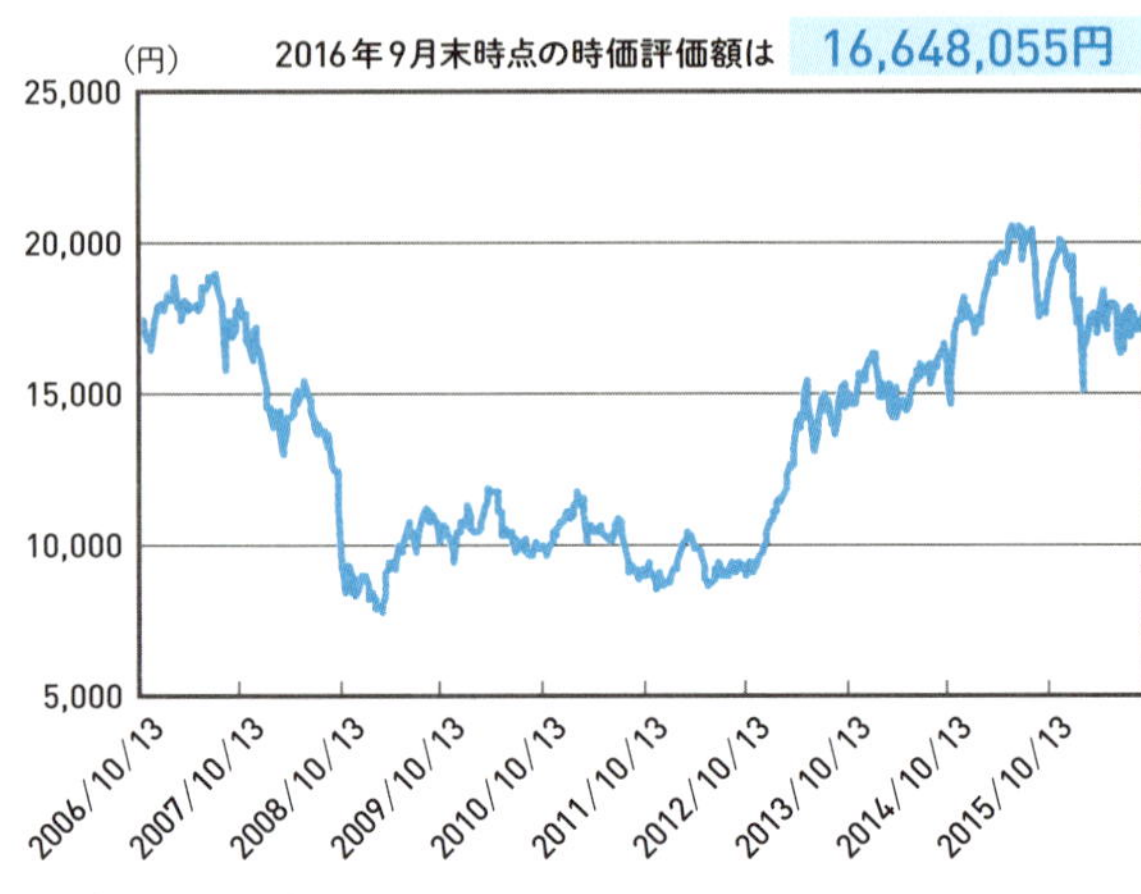

出典：ブルームバーグ

月10万円ずつ積立投資をすると、1200万円が約1665万円に増えます。

インデックスファンドがいいのか、アクティブファンドがいいのか、という議論がありますが、この2つの例からわかるのは、**長期で積立投資をしていけば、どちらでもいい**ということです。

もう1つ、アクティブファンドの例を見てみましょう。図44はDIAM国内株オープンの値動きです。この投資信託は、日経平均株価に連動するインデックスファンドよりも高い運用成績を上げています。

この投資信託に同じ条件で積立投資をすれば、1200万円が約2201万円まで増え

図44　DIAM国内株オープンの場合

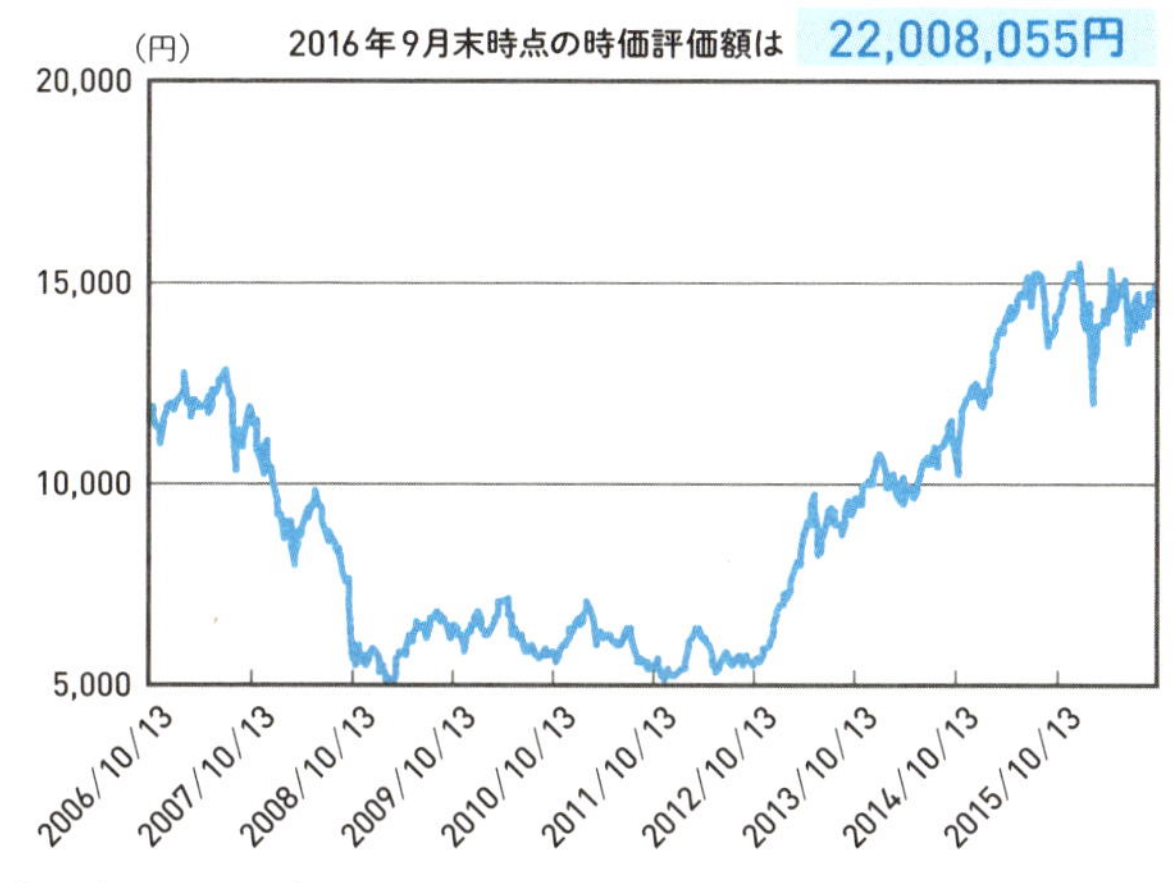

出典：ブルームバーグ

ます。成績の良い投資信託を探すことができれば、それだけリターンは大きくなります。

以上の3つの例は、積立投資を開始してからいったん価格が下がり、その後に戻ったパターンです。価格が下がることで量をたくさん買えることになるので、資産運用の成績が上がったのです。

[事例] 価格が一直線で上がった場合

次に、価格がほぼ一直線に上昇する場合はどうなるのか、その例を見てみましょう。

図45は、三井住友・日本債券インデックスファンドです。このような値動きであれ

図45　三井住友・日本債券インデックスファンドの場合

出典：ブルームバーグ

ば、一括投資でも資産運用の成績が良くなります。

この投資信託に先ほどと同じ条件で積立投資をしていくとどうなるでしょう。１２００万円が約１３６９万円に増えます。途中で価格が下がったパターンと比較するとあまり増えません。量がそれほど増えないからです。

この投資信託の値動きは〝一括投資〟の場合には理想的な値動きと言えそうです。日々の価格変動は少なく、リーマンショック時（２００８年９月）にも値下がりをしていません。しかし、積立でこの投資信託を選択すると大きな成果は期待できないのです。

図46はＢＲＩＣｓファンドです。ＢＲＩＣｓはブラジル、ロシア、インド、中国の頭文

図46　HSBC BRICsオープンの場合

出典：ブルームバーグ

字を取ったもので、成長が期待できる新興国として2006年頃に人気となりました。その頃に一括投資でポンと買った人も多かったと思いますが、期待したような結果になっていません。

積立投資だったらどうでしょうか。1200万円が約1259万円になっています。ほとんど増えていませんが、これだけ下がっていても資金は減っていません。

もし、あなたがこの投資信託で積立投資をしていたら、こう思うかもしれません。

「最悪だ。他の投資信託に積立しておけば良かった」

それは違います。その後も長く続けるのであれば、これでもいいのです。そもそも新興国への投資は成長性がある一方で、価格変動が激しいものです。いま、価格が低迷しているということは、たくさんの量を買い込んでいることになります。実際、その後、ＢＲＩＣｓの株価は上昇し、大きな利益となっています。

［事例］値動きが激しい場合

積立投資の醍醐味の1つは、値動きの激しいものでもリスクを抑えながら大きなリターンが狙えることです。

図47のフィデリティ・チャイナ・フォーカス・オープンもその例です。この投資信託は中国株で運用するものですが、中国株はリスクが大きいと感じている人が少なくありません。あなたもその1人ではないでしょうか。

しかし、メリットもあります。新興国は先進国に比べて成長する可能性は高いと言えます。今後の伸びしろが大きいのです。積立投資を利用すれば、価格変動を上手に利用して量を増やすことができます。

フィデリティ・チャイナ・フォーカス・オープンに２００６年から10年間、毎月10万円

図47　フィデリティ・チャイナ・フォーカス・オープンの場合

出典：ブルームバーグ

を投資していたら、1200万円が約1738万円になっていました。

もう1つ、事例を紹介しましょう。

図48はエマージング・ソブリン・オープンの値動きです。この投資信託は新興国の国債等で運用しています。ソブリンとは国債のことです。投資を始めてから前半部分では価格が下がっていますが、後半に上がっているため、1200万円が約1771万円に増えています。

以上、事例を紹介しながら積立投資の効果を見てきましたが、一言で言えば、**「積立投資は、価格が下がってもいい」**ということです。

図48　エマージング・ソブリン・オープンの場合

出典：ブルームバーグ

運用期間の最後には上がったほうがいいのですが、それほど上がらなくても、十分に投資効果が得られます。

積立投資でもカバーできないのは、運用期間の後半までずっと価格の上昇が続き、最後でガクンと下がるパターンです。このケースではマイナスになる可能性が高くなります。

これを回避するためには、**運用期間が最後に近づいてきた段階で出口戦略を考えておく**必要があります。

たとえば、運用期間が残り3年を切った時点で、投資対象の価格が相対的に高い位置にあって、すでにある程度の量を買い込んでいるのであれば、資産の中身を価格変動の少ないものに切り替える方法もあります。

もう1つ注意しなければいけないのは、資金の必要な時期が決まっている場合です。たとえば、子どもの進学に伴う教育費用などが挙げられます。運用期間が10年以上あれば問題ありませんが、5年しかないという場合には、積立投資であっても値動きの激しいものに投資するのは向いていません。

株式市場などには一定のサイクルがあります。これまでの経験から7~8年程度で1サイクルが終わります。ですから、運用期間が10年あれば、その中のどこかで価格が高くなる時期があると言えます。

運用期間中に下がる局面を経験することは、その後の資産運用にも大きく役立つと思います。下がれば、その分たくさん買えるからいいと頭ではわかっていても、いざ価格が下がり始めると不安になります。いったん価格が下がっても、その後に回復すれば、大きなリターンが得られることを体で覚えれば、安心して長期投資ができるようになります。

たとえば、30歳で始めて40歳まで資産運用をすれば、その間に1度は下がる局面を経験することになり、その感覚を体験すれば、40歳以降の資産運用はゆとりを持ってこなすことができるようになるでしょう。

積立投資は始めるのは簡単だが、「続けること」と「終わり方」が難しい

積立投資の説明を聞いて、「これなら簡単に続けられる」と感じた方も多いでしょう。しかし、実際にはどうでしょうか。積立を始めた投資家の解約までの平均期間は約2年というデータがあるように、本来10年・20年単位で行うべき積立投資は続けることが難しいのです。

どんなときに積立投資をやめてしまうのでしょうか。次のようなケースが挙げられます。相場が下落しているときには、評価損が増えていくので怖くなって積立投資をやめてしまう人が増えます。これはせっかく量が仕込める相場環境なのにもったいないことです。積立投資が〝量への投資〟であるということが理解できていないのです。

逆に相場が上昇しているときも、「いったん利益確定をして下がったらまた始めればいい」と考え、やめてしまう人が増えます。やめた後に都合よく価格が下落するとは限りませんし、積立をストップしている間は量が増えません。積立投資は量を増やす投資法です

から途中でストップするやり方はお勧めできません。

さらに、保有しているAファンドよりもBファンドのほうが今年の成績がいいからという理由でやめてしまう人もいます。10年以上にわたって好成績を維持する投資信託は稀です。今年成績がいいからと言って来年も好成績とは限りません。そんな単純なものではないのです。

このように、さまざまな理由で積立投資を短期間でやめてしまう投資家が多いのです。コストや商品選択で悩むよりも、長期間続けることのほうが重要です。

運用管理費が年間1％安いと10年で10％運用成績に差が出ます。それは事実です。しかし前述の通り、10年ですら投資を継続できる投資家は日本では少ないのです。1％のコストを議論するよりも、1年間でも長く続けることのほうが建設的です。

また、「AファンドとBファンドはどちらがいいか?」という議論も同様です。Aファンドの運用成績が年間5％の運用成績でも1年でやめてしまうなら、年間の運用成績が3％のBファンドを10年続けるほうが意味があります。

このように積立投資は理屈は簡単なのですが、続けることが難しいのです。

第5章のまとめ

- 積立投資は上がっても下がってもよい。
- 価格変動の大きい投資信託を選ぶ。
- 価格の下落時は量を買い込めるタイミングなので投資をやめない。
- 積立投資は始めるのは簡単だが、続けることと終わり方が難しい。

column 5

積立投資を続けるために

積立投資は始めたばかりのときには少額ですし、儲けも少ないので面白くなくなってしまい、やめてしまう人がいます。とにかくいろいろな理由でやめてしまう人が多いのです。

しかし、私たち**ファイナンシャルスタンダードのお客様の積立投資の継続率は、驚くほど高いのです**。どのようにしてお客様に積立投資を続けていただくのかというと、第1に積立投資の理屈を正しく理解していただきます。積立は上がってよし、下がってよし、量を長期間貯める投資方法という基本です。

しかし、理屈を説明しても時間が経てば忘れてしまいます。ですから定期面談のつど、積立投資の復習をして理解を深めていただいています。

それでも相場が下落しているときは怖くなります。

「いまは下落相場だからたくさん量が買える時期と頭ではわかっているのだが、本当にこのまま積立を続けてもいいのか心配になる」という投資家も多いのが現実です。

そうしたときには、お客様にゴールをイメージしていただきます。積立投資を長期間行い、目標を達成したときのイメージをしていただくのです。また、積立投資は続ければ続けるほど、愛着がわいてきます。せっかく何年も我慢して保有していたのに、売却するのがもったいなく感じてきます。

積立投資は続ければ続けるほど楽しくなっていくものです。目標（ゴール）が見えてくると、人間はさらに頑張れます。たとえると、腹筋１００回はきついし、途中でやめたくなります。しかし、90回までやって「ラスト10回」となればやる気が出てきませんか？

人間はゴールに近づくほどモチベーションが高くなるなど、特別な行動を見せることがあります。このような現象は、心理学の「目標勾配仮説」として説明されています。

このように、ある程度の期間や金額まで我慢すれば、あとは自然と積立投資は楽しくなってくるのです。私たちは、投資家の心理面の負担を軽減することで長期投資を実現するための研究を行っています。詳しくは次の第6章でご説明しましょう。

第6章

非合理的な行動を取るのが人間！長期投資の実現!!

人間は非合理的な行動を抑えられない

人間は基本的に非合理的なことが好きではありません。仕事でも日常生活でも合理的に行動をしようとしています。

しかし、実際はどうでしょうか。人間は感情を持っている生き物ですから、実際には、非合理的な行動をしてしまいます。これは国が変わっても、時代が変わっても同じです。

合理的な行動をしたくても、できない——。

ダイエットを思い浮かべると、わかりやすいでしょう。多くの人がダイエットを実践したいと思っています。テレビを見たり、本を読んだりして知識をつけます。そして、実行に移します。しかし、なかなか成果は出ません。

飲みに行った帰りに、ついラーメンを食べてしまったり、スイーツが我慢できなかったり……。ダイエットに悪いことをしてしまいます。

それが人間です。これは生理的な現象に近いものであり、本質的なものなので、なかなか変わりません。

特に資産運用の世界では、損得が絡んでくるので、感情が表面に出やすくなります。非合理的な行動を取りやすくなってしまうのです。

では、どうすればいいのでしょうか？

〝人間は非合理的な行動をしてしまう〟ことを前提にして、実践することです。そうしなければ効果は得られません。ダイエットも資産運用も成功できないのです。

ただ、ダイエットは食べたいものを我慢したり、運動をしたり、苦痛が伴いますが、資産運用には苦痛はありません。その意味では、資産運用で成功するのは、ダイエットよりもずいぶん簡単なのです。

資産運用を体で覚えるには10年かかる

資産運用で合理的な行動をするために必要なのは経験です。経験を体に覚えさせなければうまくいきません。

経験を積み重ねて精神的に負けないマインドを作る必要があるのです。そこまで到達するには、10年ほどかかります。

図49　世の中のサイクル

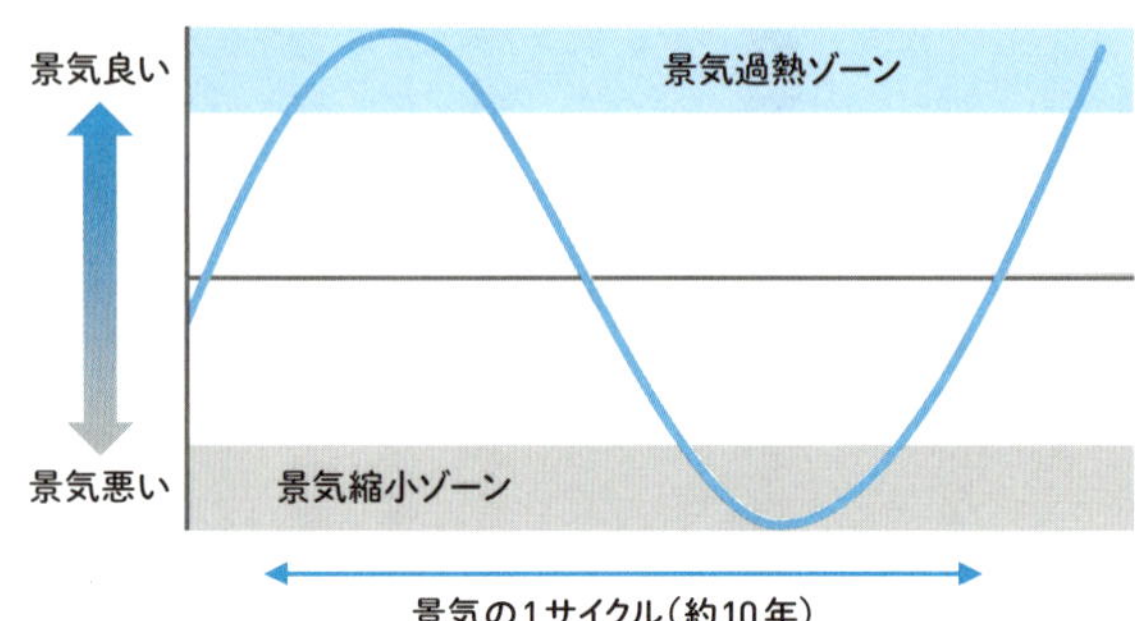

なぜ10年なのか。それには理由があります。

世の中のサイクルがおよそ10年で1周するからです。

7～8年で1サイクルという景気循環の理論もありますが、10年あれば、1サイクルを経験することができます。

景気が良くなって、いいところで止まればいいのですが、うまくはいきません。大概は良くなりすぎてバブル化します。それに耐え切れなくなると、バブルが崩壊して景気が悪くなります。

この場合も、いいところでは止まらないので、悪くなりすぎます。今度はその反動で景気が良くなる……というサイクルが続きます。これを表したのが図49です。

たとえば、**1990年前後にバブルが崩壊**して、その次は**2000年にITバブルが崩壊**、さらに**2008年にリーマンショック**と、おおよそ10年に1回程度、景気後退が起きています。

２００８年からそろそろ10年が経過していますので、再び景気後退期が訪れてもおかしくない時期かもしれませんが、それはひとまず置いておくとして、10年を経験すれば、景気が良いときも悪いときも経験できるのです。

ただ、**あなたが自分の力だけで10年を乗り越えるのは、難しいかもしれません**。資産運用に失敗して「**2度とやりたくない**」と思ってしまう可能性が高いからです。

そこで、あなたが非合理的な行動をしたときに、それを指摘してくれるアドバイザーがいれば、過ちを犯さなくて済みます。

ネット取引では単純な答えに飛び付いてしまう

最近は、銀行でも証券会社でもネット取引が主流になっています。しかし、**資産運用の経験を積む段階ではお勧めできません**。

ネット取引は確かに、自分の好きな時間に手続きができますし、コストが安いというメリットがあります。それは合理的だと考えることもできますが、最終的な資産運用の成績まで加味すれば、非合理的な行動になってしまう可能性が高いのです。

人間は判断に迷うこと・わからないことがあると、単純化しようとします。繰り返し紹介しているように、インデックスファンドとアクティブファンドのどちらがいいのかと考えたときに、「コストが低いからインデックスファンドのほうがいい」と単純化した答えに飛び付いてしまうのもそのためです。

コストの面では合理的と言えるかもしれませんが、資産運用の目的はコストを低くすることではないはずです。コストもリスクも考え合わせた上で最も資産運用の成績がよいものを選ばなければなりません。

しかも、**資産運用の成績の善し悪しを判断するモノサシは人によって異なります**。運用期間や許容できるリスクは人それぞれだからです。単純にコストが低いという極論で判断はできないのです。

私が相談を受けているときにも「なぜ、この投資信託を持っているのだろう?」と思うことがよくあります。それをお客様に尋ねると、たいていの方が「コストが低いから」と答えるのです。

投資信託に関する書籍は数多く出版されていますが、その中には、よくこんなことが書かれています。

「コストの安いインデックスファンドでポートフォリオを組むことが重要です」

これは、理に適った方法です。長く続ければ資産運用の効果が得られるでしょう。しかし、ポートフォリオ理論は難しいのです。難しい理論を実践することは当然難しいです。結果、**「インデックスファンドを1本だけ買う」**ということが起こります。人は、シンプルでわかりやすい部分だけ取り入れてしまうのです。

実際に、日本株のインデックスファンドを単独で保有しているケースは多くあります。資産運用の考え方を単純化してしまっているわけです。**年間のコストが0・1％安いかどうかを気にして、結局、大きな損をする人が多い**のです。

それは5円安い大根を買うために、バス代を支払って隣町まで行ってしまうようなものです。しかし、これが人間なのです。それを理解した上で合理的な行動ができる仕組みを作っておくことが大事です。

私が勧めるのは、相談できるプロとともに経験を積んでいくことです。

私たちはファイナンシャルアドバイザーとして、さまざまなケースを見てきていますので、投資家がどのあたりで疑問を感じ、挫折しやすいのかを熟知しています。

ですから、お客様の心理を先回りして、失敗のタネを取り除き、目標を達成することをサポートするのが仕事です。それこそがファイナンシャルアドバイザーに課せられた役割だと考えています。

ここで、非合理的な投資を防ぐためのポイントを紹介しましょう。

✧非合理的な投資をしないための法則

① 金融理論を熟知すること。

② 忘れること。

● 金融理論を「理解すること」と「忘れること」

理論を理解することは重要です。まず、正しい方法を知っておかなければなりません。理論を理解すれば、相場が荒れているときに狼狽せず、客観的な行動を取ることができることでしょう。しかし、自分で揺るがない理論を確立できるレベルまで知識を高める必要があります。金融機関に勤務している人でもなかなか実現できないレベルになります。

金融理論をしっかりと理解することが難しいならば、逆にまったく気にしない・忘れてしまうことが有効になります。投資信託などを持っていると、価格の動きがつい気になってしまいます。

見るといろいろ考えてしまいますから、むしろ見ないほうがいいのです。自分が資産運用をしていること自体、忘れているほうがうまくいきます。〝忘れること〟を実行するため、私たちファイナンシャルアドバイザーは、あえてマーケット動向の話題を少なくします。なるべくマーケットを気にしないように誘導するのです。

何年も前から積立している個人年金保険がいまいくらかとか、会社で毎月している財形貯蓄がいまいくらになっているか、自宅の評価額は今日いくらになっているかを毎日気にする人は少ないでしょう。存在を忘れてしまっている人も多いのではないでしょうか。ただ、それくらい無意識になっているほうが結果的に長続きするものなのです。

その意味では、換金しにくいものを選ぶという方法もあります。夜中に投資信託の基準価額をチェックして大きく下がっていると、心配になって解約したくなります。そのままネット上で解約できれば、ポチっと押してしまうでしょう。

もし、書類を取り寄せて手続きしなければ解約できないとなれば、面倒なのであきらめる可能性が高くなります。

保険会社で契約を解約しようとすると、書類でのやり取りが必要になる会社が多いのですが、行動経済学の観点からすれば、これも理に適っているのです。

解約しにくい点では、ｉＤｅＣｏもいいでしょう。原則60歳まで引き出せませんから、強制的に長期運用が可能になります。

このように**一見不便に思えることが、実は投資家の長期投資に役立つ**ということです。ですから、アドバイザーが投資家にとって不便な方法をあえて提案するということはよくあります。

行動経済学と資産運用

世の中は、私たちに非合理的な行動をさせるための罠がたくさんあります。私たちは非合理的な行動を強制されていません。しかし、**複数ある選択肢の中から、見事に非合理的な選択肢を選んでいることが多いのです。**

たとえば、会員制のジムで毎月使用料を払っていますが、1カ月に1度も行かない人の割合は意外と高いのです。私たちは、①ジムに行く、②ジムに行かない、③月額料金制から、使うたびに課金されるコースに変更する、④ジムをやめるなどの選択肢を自由に選べますが、多くの人が1番非合理的な②の月額の使用料を払いながらジムに行かないという選択肢を選んでいるわけです。

そうした非合理的な行動を回避させる方法として、テレビCMでおなじみになったパーソナルジムのライザップでは、トレーナーによる「マンツーマン指導」と「〝ある程度〟厳しい管理」を行うことで結果にコミットする、というわけです。

普通のジムであれば「会費さえ払っていれば文句ないだろう」となりますが、ライザップでは非合理的な行動をしようとすると、担当トレーナーの顔が浮かんで自制心が働くのでしょう。

2017年のノーベル経済学賞を受賞した、リチャード・セイラー教授が確立したナッジ理論が注目を集めています。

ナッジは、「ヒジで軽くつつく」ことを意味する言葉です。

行動経済学では、「科学的分析に基づいて、人間に『正しい行動』をさせるように導く戦略」として知られています。

✧ナッジ(nudge)

選択肢を工夫したり、初期設定を変えたりすることで、複数ある選択肢の中から自分にとって望ましい選択を相手に促す方法。

ナッジは、より良い選択肢を自発的に選んでもらう仕組み作りとして研究されればいいのですが、それだけではありません。

ナッジは人を誘導する仕掛けとして、実際にさまざまな局面で使われています。たとえば、スーパーで「特売品」を作ったり、飲食店で期間限定のメニューを設定したりするのも、ナッジを利用して顧客を誘導することを狙っているのです（どれも消費者は商品の購入を強制されていません）。

私たちはわかっているのですが、非合理的な行動をしてしまうことがあります。また、**知らないうちに非合理的な行動に誘導されていることもある**というわけです。良い方向にナッジされる分にはいいのですが、悪い方向に誘導されるのは困りますよね。

しかし、それを見抜くというのはとても難しいことなのです。

人間は非合理的な行動をしてしまうという事実に、どのように向き合っていけばいいのでしょうか。非合理的な回答と思われるかもしれませんが、私は「アドバイザーの存在」が重要だと考えています。

人は「無料」とか「キャンペーン」に弱いものです。ネットショッピングをしていたら「あと○○円で送料無料」と出てきます。そのときに、「どうせ必要なものだから……」などと理由をつけて買ってしまい、ついつい予定の倍の支出をしてしまうことがあります。

他にも、最近、銀行に行ったら、外貨預金・投資信託・ファンドラップなど、これらの何を購入しても、円定期預金の金利上乗せをするというキャンペーンをしていました。各行で同様のキャンペーンを行っており、「どこの銀行のキャンペーンが1番お得か?」と気になる方もいるでしょう。

しかし、どこのキャンペーンが1番お得かよりも、「本当にその商品は必要なのですか? そもそもいい商品ならキャンペーンや値引きなしで販売できますよ」と一歩引いて意見する存在が、私は重要だと思うのです。

よくある非合理的な投資行動とナッジの例

人は現状維持を好みます。新しいことを始めるには、エネルギーが必要ですし、失敗してしまうかもしれません。いまのままのほうがラクなので、現状を変えたくないのです。

こうした心理を、「現状維持バイアス」と言います。

この心理を利用して、資産運用を継続させる方法があります。

前述の保険会社が解約時には書類の郵送が必要というのもこれにあたります。〃面倒だからいまのままでいい〃となるといままで通り積立をやめずに継続する人が多くなります。

✧現状維持バイアス
いまの状態を変えるのは不安、現状を変えたくないという心理。

その意味で資産運用も体に染み込んでしまえば、無意識で続けられるようになります。

私たちファイナンシャルアドバイザーの仕事は、お客様にとってなるべくストレスにならない方法で解決策を模索することです。1番良いリターンの商品を提供することではありません。

特別なものを目指すのではなく、基本を継続できる工夫をする。**普通を着実に継続することこそ、最大の成果を得られる**のです。

人は身近なモノ、看板に弱い

もう1つ気を付けていただきたいのは、看板で安心しないことです。証券会社に投資信託を勧められても買わない人でも、ゆうちょ銀行で勧められると買ってしまうことがあります。これは、看板とイメージに惑わされているのです。

以前は、ゆうちょ銀行も銀行も元本が保証された商品しか扱っていませんでした。しかし、いまはリスクのある商品も販売しています。ゆうちょ銀行だから、銀行だから、リスクがないと思ってしまうのは間違いです。

こんなお客様もいました。

「国債を買うのは嫌だけど、埼玉県債は地元だからいいよね」

地元を応援したい気持ちはわかりますが、それは資産運用とは別の話です。安全性を考えたら国債のほうが上です。合理的な判断とは言えません。人は身近なもののほうが安心できるという特性もあります。これをホームバイアスと言います。

✧ホームバイアス

自分の身近なものが安心と思ってしまう心理。

株式に投資する場合もホームバイアスが起こりがちです。地元の優良企業は何となく安心できるので投資をしやすくなります。もっと範囲を広げれば、日本人は日本という国にホームバイアスがかかってしまいがちです。日本株の投資比率が高くなってしまいます。

単純に資産運用の効率を考えれば、日本の会社が海外と比べて特別に優秀とは言えません。冷静に考えれば日本株の比率を高くする必要はないのです。

「銘柄名が自分の名前に似ているから買った」という人もよくいます。たとえば石川さんがＩＨＩ（旧・石川島播磨重工業）の株式を買ってしまうようなケースです。これもホームバイアスの一種と言えます。

こんなケースはいくらでもあります。

ネーミングに影響されることもあります。第１章で紹介したテーマ型の投資信託はネーミングで選んで失敗する典型です。

いまなら名称に〝ＡＩ〟とつくと、良いイメージを持ってしまいます。これも本来の資産運用の目的に反しています。非合理的な判断です。

利益確定は早すぎ、損切りは遅すぎる

利益確定や損切りにも人間の心理が大きく影響します。

人は損失回避の行動を取りがちです。これは、行動経済学の中で最もポピュラーとも言える「プロスペクト理論」が関係しています。

✧プロスペクト理論

利益が出ている局面では早く利益確定をしたくなり、損失が出ている局面では、損失を回避したいと考える。また、プラスの金額とマイナスの金額が同じであれば、マイナスの悔しさのほうがより大きく感じる。

人は損をしたくないという気持ちがとても強いのです。

株式投資をしたとき、プラス20%で利益確定、マイナス20%で損切りとルールを決めたとしましょう。

しかし、プラス20%まで待てなくなります。

「もっと上がるかもしれないけれど、もしかしたら下がって利益がなくなってしまうかもしれない」

そう考えて、早く利益確定をしてしまうのです。

逆に値下がりした場合には、マイナス20%で損切りと決めていても、損をするのが嫌なので、損切りできません。

「ここまで下がったのだから、もう少し待てば戻るだろう」

と考えてしまいます。損切りができないまま、どんどん下がっていくと、ますます損切りはできなくなります。そして、資金のほとんどを失ってしまうのです。

こんな行動もプロスペクト理論で説明ができます。

A社の株価がいま200円で「100円になったら買おう」と考えたとしましょう。実際に株価が100円まで下がりましたが、少し様子を見ていると、50円まで下がってしまいました。

「100円で買う」と決めていたのですから、買えばいいのですが「でも」と考えます。
「これだけ下がっているのだから、悪いニュースがたくさん出ているに違いない」
「もっと下がるかもしれない」

そう考えて買う決断ができなくなります。

では、すでにA社の株式を持っている人はどうでしょうか。
「100円まで下がったら損切りしよう」と思っていたとします。しかし、実際に100円まで下がると損切りができません。考えるのも嫌になり、思考停止状態になります。

金額が大きくなると思考停止状態になる

思考停止は、金額が大きくなった場合にも起こります。合理的な判断ができなくなります。

たとえば、家を買ったとします。価格は3000万円とか4000万円とか、高額になります。

家を買うと、多くの人は新居のために家具を買います。何千万円の家を買った後に家具を見に行くと、15万円のソファも20万円のソファもあまり違わなく見えてしまいます。

運用もしかりです。金額が大きくなると、あまり考えなくなってしまいます。自分が普段接している小さい金額のときは想像がしやすいので、コストや運用成績など、さまざまな点を気にします。

ところが、**金額が大きくなると、考えるのをあきらめてしまう**のです。実際には大きい金額のほうが、コストや運用成績が資産に及ぼす影響は大きいのですが……。

人間の感覚とはそんなものなのです。

みんなが買っていると安心する

人はみんなが買っていると安心する傾向もあります。どんなにリスクが高いものでも、多くの人が買っていれば、自分も買ってしまいます。典型的なのはマイホームです。

多くの人はマイホームを購入したときに、〝投資〟とは考えていないでしょう。しかし、私から見れば立派な投資であり、しかもリスクの高い投資なのです。

理由の1つは、住宅ローンを利用して購入する人が多いからです。なかには、自己資金ゼロのフルローンで購入できる物件もあります。少ない資金で大きな取引をすることを投資の世界ではレバレッジと言いますが、自己資金ゼロで数千万単位の投資ができるものなどありません。

しかも、投資対象が1カ所の不動産に集中しています。災害などの被害を受ければ、資産価値が大きく損なわれることになります。

なぜ、そこまでして買ってしまうのでしょうか。「みんなが買っているから大丈夫」という心理が働いているからです。

投資信託を買うときも、人気の投資信託と人気のない投資信託があれば、やはり人気のあるほうを選んでしまいます。銀行の窓口でもこんなことを言われます。

「皆さん、買っていますよ」

みんなが買っているもののほうが安心できるのが人間の心理です。しかし、資産運用の世界で**みんなが買っている投資対象は、すでに価格が上がっている**ことを意味します。

図50　日経平均株価と証券業全体のEBITの推移

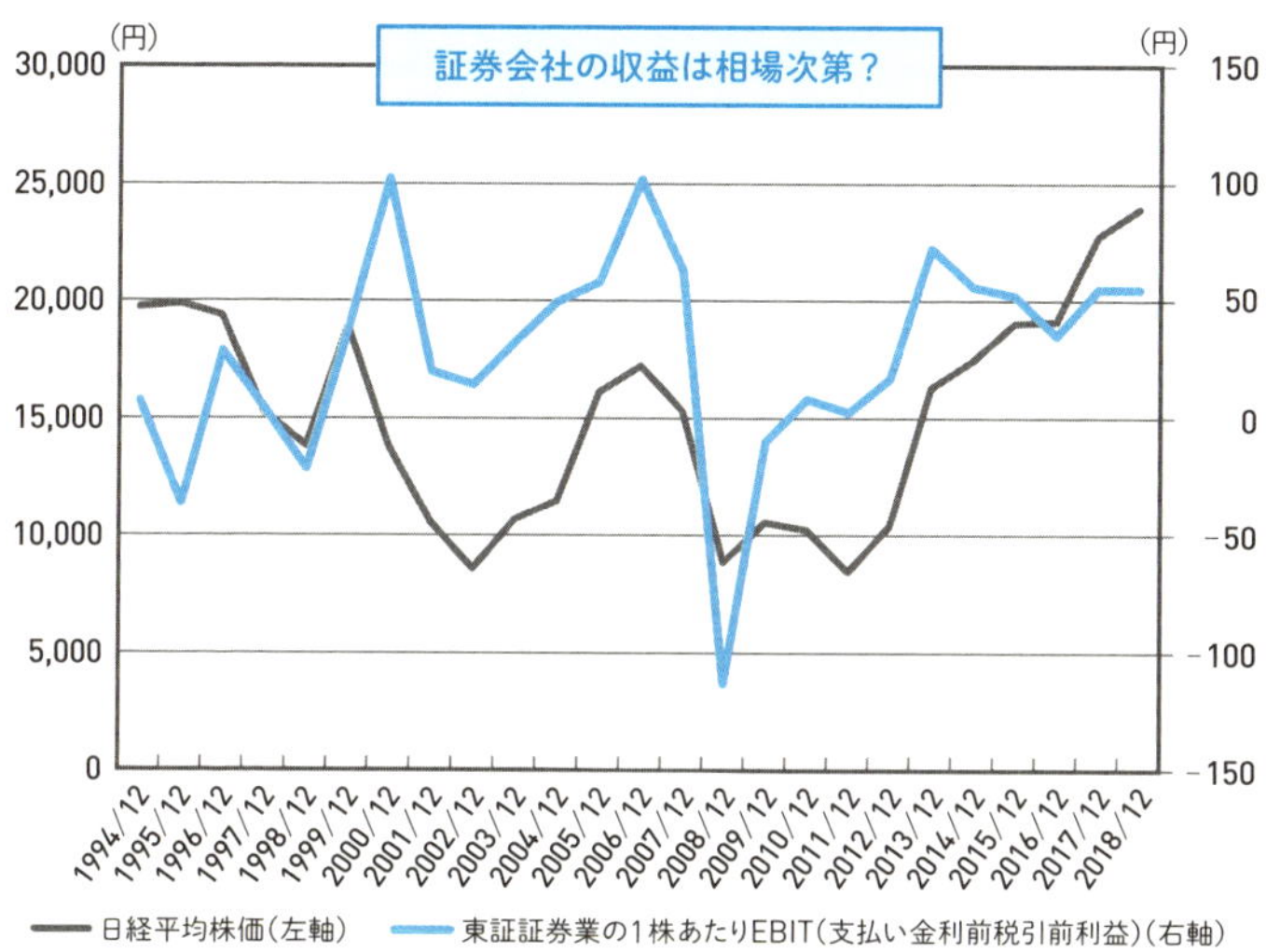

出典：ブルームバーグよりFS作成

ラーメン屋は行列のできる人気店のほうがおいしい可能性が高いですが、資産運用の世界では逆だと思ってください。

証券会社の業績は株価に連動する

ところで証券会社が1番儲かるのはいつだと思いますか？（図50）

それは株式相場が1番高いときです。1番高いときに株式を買う人が殺到するので、売買手数料を受け取っている証券会社が儲かるのです。

よって、新聞や雑誌が相場のことを騒ぎ始めたら天井だと言われます。

多くの専門家が「まだ上がる」などと強気な発言をするようになったら、「そろそろ下がるな」と考えたほうが無難なのです。

なぜでしょう? 普段は悲観的な人まで相場に入ってきたことを意味するからです。この人たちまで相場に参加すれば、もう、相場に入ってくる人はいません。このときがピークです。相場と投資家の盛り上がりと証券会社の収益は同じように動くのです。

宝くじを買う人は資産運用がうまくいかない

人は何かを判断するときに、状況や条件を論理的に検証して結果を導き出します。一方で、時間がないときや比較や検討が難しいときには、勘やひらめきで判断することもあります。これを行動経済学では、ヒューリスティックと言います。

> **✧ヒューリスティック**
> 直感やひらめきで素早く判断すること。

宝くじを購入する心理もヒューリスティックと言えます。しかし本来、宝くじの期待リターンはマイナスであり、合理的な行動とは言えません。

宝くじ公式サイトによると、２０１６年度に販売された宝くじの総額は８４５２億円でした。そのうち、当せん金として支払われたのは３９５９億円。販売額の46・８％にしかなりません（２３０ページの図53も参照）。

冷静に考えれば、宝くじを買うことが合理的でないと判断できますが、計算したり、調べたりするのは面倒なので誰もしません。

それよりもＣＭで見かける「10億円」という数字に目が向いてしまい手を出すのです。

しかも、大安に買ったり、願掛けで枕の下に置いて寝たり……非合理的だとわかっていながら、やってしまいます。

「気温15度」といっても夏場の気温15度は「寒い」と感じますが、冬場の気温15度は「暖かい」と感じます。私たちの感覚は絶対的なものではなく、**基準となる参照点と比べて物事を判断**してしまいます。こうした心理を**参照点依存性**と言います。

予定利率の非常に低い保険商品に加入されている方に、なぜ加入したのかを確認したところ「預金より利率がいいから」。その保険が必要かどうかではなく、預金金利を参照点として保険が良く見えてしまったのでしょう。

預金金利を参照点にすればどんな金融商品でも良く見えそうなものです。

他にも、ギャンブルで勝った10万円はあぶく銭として散財してしまうが、給料の10万円は大事に貯金するなど、**自分の中で同じ価値の10万円を色分けして非合理的な行動を行ってしまうことをメンタルアカウンティング（心の会計）**と言います。

相場が上昇しているとき、投資家は含み益があります。すると（前述のプロスペクト理論の通り）利益確定をしたがる投資家が増えます。

ある投資家は投資信託の購入時手数料に20万円払うことには大変抵抗があり、購入に難色を示していました。

しかし、現在は２００万円程度の含み益があり、利益確定した際には40万円程度（利益に対して20・３１５％が課税される）の税金がかかるのですが、それは気にならないとのことでした。「運用で増えた資金だから別に払ってもいい」と言うのです。

効率的な資産運用を実践するには、売買コストと税金を抑え、複利で運用することが重要です。いくらコストを抑えても、このように利益が出るたびに税金を支払っていては、運用効率は大幅に下がり、目標達成が難しくなります。税金もコストの1つです。

しかし、売買手数料は0・1％の違いが気になるが、儲かっているなら税金は気にならない、というのは非合理的です。

利益の出ている銘柄の売却を頻繁に勧めてくるアドバイザーは売買手数料に関心があり、顧客の税引き後利益には関心が薄い可能性があるので注意が必要です。

私たちファイナンシャルスタンダードでは、お客様のゴール達成のために良いポートフォリオを長期間保有いただく方針です。そのことにより、無駄な売買手数料や税金から顧客を守るのです。

しかし、逆に非合理的な選択でもいいことがあるかもしれません。たとえば次の選択肢なら、あなたはどちらを選びますか？

① 必ず5000万円もらえる
② 1／2の確率で2億円もらえる

合理的な選択は……、①の期待値は5000万円、②は1億円ですから、②を選択するべきでしょう。しかし、5000万円あればあなたの目標（ファイナンシャルゴール）は達成できる、というのであれば非合理的な選択肢である①を選んでも問題ないのではないでしょうか。

何度も申し上げた通り、人生の目標は1人ひとり違います。別に他人から見て非合理的な選択でもすべてが悪いということではないのです。

いかがでしょうか。これらは一例にすぎません。さまざまな人や企業が人間の心理を先回りして、あなたの非合理的な行動を待ち構えているのです。人間はわかっているけれどやってしまうミスもあれば、良かれと思ってやったことが非合理的な行動だったというケースもあります。

どちらも自分自身で解決することは難しい問題ではないでしょうか。ですから、私は第三者の目線で客観的な判断をするアドバイザーが必要だと考えるのです。

☑第6章のまとめ

●資産運用とダイエットは似ている。やり方はわかっているけれど、成功する人が極端に少ない。原因は非合理的な行動をしてしまうことだが、大多数の人は日常的に非合理的な行動をしている。

●資産運用における非合理的な行動を回避する方法はいくつかある。

①**資産運用に必要な理論をプロ並みにマスターする。**

②**投資していることを意識しないようにする。**

③**信頼できるアドバイザーを選ぶ。**

●企業はあの手この手で消費者に自社製品を販売しようとする。気づかないうちに企業のマーケティング戦略にはまっている。このようなことを回避するためには中立的なアドバイザーの存在が必要となる。

column 6

運用会社とファンドマネージャーのジレンマ

投資信託の純資産額（投資家から預かって運用している金額）は、「大きいほうが良いか、小さいほうが良いか」と聞かれたらどう思いますか？

普段、お客様からは金額が「大きいほうが安心できる」という声をよく聞きます。しかし、運用しているファンドマネージャーの視点に立つと、答えは「小さいほうが良い」です。

理由は、運用規模が大きい投資信託は「大企業にしか投資できなくなる」からです。

仮に、３０００億円を運用している投資信託を例に取りましょう。

この投資信託が１００社の株式に投資をしているとすると、１社あたり30億円分の株式を保有することになります。ファンドマネージャーが良いと思う企業を、１％に相当する30億円分買おうとしたとき、どの企業でも簡単に買えるわけではありません。

東証1部に上場している企業は約2000社ありますが、1日に株式取引される金額が安定的に1億円を超えるような企業は500～600社しかありません。この600社の株式でも30億円分買おうとすると、実際には2カ月くらいかかってしまいます。急いで大量に買おうとすると、投資信託自らがその企業の株価をつり上げてしまうからです。

そうすると運用規模の大きい投資信託は、必然的に規模の小さい会社は買えなくなってしまい、大企業ばかりに投資をしてしまいます。

では、なぜ大企業ばかりに投資してはいけないのでしょうか。

大企業はあらゆる証券会社や運用会社のアナリストが分析し、レポートを更新しており、最新情報もすぐ株価に反映されます。大企業をいくら研究しても他の投資家を「出し抜く」ことはできません。

一方、地方にある規模の小さい企業は優良企業であってもアナリストがあまりカバーしていないため、株価が「割安」のままのケースもあります。そういう企業を発掘して投資したほうがパフォーマンスは向上しやすくなります。

したがって、ファンドマネージャーの立場に立てば、良いパフォーマンスを上げるために規模の小さい投資信託を好むのです。

ここに「運用会社のジレンマ」が発生します。

運用会社の利益は投資信託の残高に対して発生する信託報酬です。当然、規模が大きい投資信託のほうが利益になります。しかし、運用成績は規模が小さいほうが良くなりやすい……。投資家は、この「運用会社のジレンマ」をよく理解しながら投資信託を評価する必要があるのです。

特に上場企業であれば、株主からの収益拡大要請が強まるのは必至であり、運用会社はこの利益相反の問題に常に直面しています。日本の運用会社は非上場であることが多いですが、その親会社は上場企業です。運用会社はどこまで顧客利益を優先できるのでしょうか？

世界に目を転じれば、非上場を守る運用会社は多く、特に老舗と言われる会社ほどその傾向が強まるのにはこのような理由があるのです。

自分に合った投資計画を立てよう!

長期目標と短期目標の2つを作る

ここまで「なぜ投資に失敗するのか」、その理由を考えてきました。ここでもう1度失敗の理由をまとめてみましょう。そしてどのように行動すればよいか考えてみましょう（図51）。

資産運用の計画は人それぞれです。引退までの「貯蓄＋退職金＋年金＋相続」などの収入面と支出面を把握して、**収支バランスを考慮した上で資産運用に取り組む**ことになります。また、ライフステージによって、収支がプラスの時期もあれば、マイナスの時期もあるでしょう。資産運用もそれに合わせて計画を立てる必要があります。

そこで私は、**長期目標と短期目標の2つを作る**ことをお勧めしています。

もし、あなたがいま40歳であれば、「60歳の定年前までにいくらに増やしたい」というのは長期目標です。

長期目標は大事ですが、長すぎると、どこまで進んでいるのかがわかりにくい面があります。東大合格を目指して勉強をするにしても、小学校、中学校、高校と短期目標を設定

図51　投資に失敗する理由

理想論	**誰でもできる投資法が存在する**		
現実	・**短期売買**を繰り返す ・資産が**増えない**		
理由	① **目標**がない	② **期待リターン**の概念が理解できていない	③ **非合理的**な行動をする
結果	① 良いと思ったものを**思い付きで購入** ② 適度な**リスクテイク**（リターンしか見ない） ③ 商品の選定基準が「コストのみ」など**単純化**する（部分最適）	① 投資を**ギャンブル**と思い売買を繰り返す ② 下がる前に売ろうとするので**短期売買**になる	① **わかっている**けれどやってしまうミスがある ② **知らないうちに**やっているミスもある
対応策	① **全体最適**のプラン設計 ② 判断に迷ったら**ゴールに沿って**いるかを確認する ③ **変動幅を抑えた**運用をする	① **期待リターンの概念**を理解する ② 必要なリターンから**取るべきリスク**を理解する ③ 運用していることを**忘れる**	① 人間は**ミスをする前提**で計画を立てる ② **モニタリング**を定期的に行う ③ **アドバイザー**の判断を聞く

するでしょう。

資産運用も同じです。**短期的な目先の目標を設定して、進捗状況を把握する**ことが大事です。やはり、短期目標と長期目標の２つが必要なのです。

では、短期目標とはどんなものでしょうか？

まず、手元資金を年間何％程度で運用していきたいかを設定します。目標を立てるときに「安定的に運用したい」や「損をしたくない」など、抽象的な言葉を目標にする人がいますが、それでは達成度合いが見極めにくいので、「○％で運用したい」など具体的な数字で目標を立ててください。

しかし、「４％で運用したい」という目標を立てた場合、毎年きっちり４％の運用をするのは不可能です。ある程度のブレは仕方ありません。ですから、進捗状況の判定の際には、中長期的に見てそれが４％ラインを越えられているのかどうかを見極める必要があります。

その上で目標の達成が難しそうであれば、戦略的に何が足りないのかをチェックしていきます。

やってはいけないのは、戦略の見直しに相場の予測を持ち込むことです。

たとえば、「この時期、国家間紛争が起こりそう」とか、「米国の大統領の政策が」など、その時点の相場の状況を戦略に持ち込むことです。

それは、いつでも起きうることです。マーケット環境による原因は、内容変更の判断に入れてはいけません。積立をしている人であれば、相場が下がっているときは量を買い込んでいる好機である、ということを思い出さないといけません。積立で量をたくさん買い入れているわけです。

目標の達成度合いは定期的にチェックする必要がありますが、あまり頻繁にはしないほうがいいでしょう。そもそも長期運用ですから、多くても年に1回か2回チェックすれば十分です。

なかには、**気になって毎日、見てしまう人がいますが、それは逆効果**です。それを続けていると、相場が下がったときに心配になって、どこかで解約してしまいます。

解約してしまうと、その後に回復しても取り戻すことができません。こんなことを言う人もいます。

「いったん解約して、相場が戻りそうだったら、もう1度買えばいいさ」

私の経験上、できる人はまずいません。回復し始めると、どんどん相場が戻っていって、「あー上がっちゃった」ということになります。その後に再び下がったとしても、「怖いからやめておこう」となって、やはり買えません。

ここまでの内容を復習すると、

✧資産運用計画を立てる手順

① 目標を立てて戦略を決めて運用する。
② 途中でチェックをする。
③ チェックは目標を数値化したもので行う。
④ 戦略を変更するときは相場を考慮してはいけない。
⑤ 頻繁にチェックをしない。

となります。

資産運用計画を立てるには

計画を立てる作業ですが、1人で立てるのは簡単ではありません。

計画を立てるときに、きっちり作らなければ気が済まない人がいますが、仮に30歳の人が60歳になったときの状況は予測が不可能です。ですから、**ある程度大雑把に考えることも必要**です。

最初から最後まで計画通りに進むということはないでしょう。ですから最初の作り込みよりも、毎年のモニタリング・調整が大切になります。この作業はロボットアドバイザーや、長期の視点でアドバイスをしてくれないアドバイザーでは難しいでしょう。

お客様と接していて感じることは、70歳で金融資産が1億円あっても、毎年資産を取り崩して生活している人は意外にも将来を心配しています。

それよりも、70歳で金融資産が３０００万円で正しい資産運用の方法を知っている人は、運用益から生活費の赤字分を補えるため、将来にあまり不安を持っていないのです。

老後に資産が減っていくというのは、想像以上にストレスになります。将来の「何となく不安」を解消するには、正しい運用方法を若いうちから体得しておくことが最善策なのではないでしょうか。

計画を立てるときに、「60歳で3000万円を作る」など、60歳で資産運用は終わりにする考え方がありますが、そうではありません。**60歳以降も資産運用は続けます。70歳になっても、80歳になっても継続するべき**です。

資産運用の中身は年齢とともに組み替えたほうがいい場合もあります。一般的にはリスクを下げて運用することになりますが、資産運用をしなくていい時期はないと思ったほうがいいでしょう。

そのためには、**資産運用を体で覚えることが大事**です。1度自転車に乗れるようになれば、10年ぶりでも乗れるはずです。資産運用も同じです。1度、体で覚えてしまえば、忘れることはありません。体が覚えるには10年は必要です。

長期投資の成功の秘訣は、**自分に合った投資方法を確立すること**です。正しい理屈は、理屈として覚える必要はありますが、その上で自分に合った方法を見つけることが重要なのです。

第2章でイェール大学の資産運用の話をしました。年率10数％で運用しています。これはすごいことですが、それを真似できるかというとできません。

イェール大学は、高いリターンを求めていますので、リスクも高くなります。それは、運用資金が寄付で集まったもので、投資期間は半永久であり、当面使わないものだから高いリスクを覚悟できるのです。個人投資家に合った投資方法とは言えないでしょう。

実際にリーマンショックのときには、1年間で28％のマイナスになっています。しかし、それも覚悟した上で運用しているので、方法を変えずに継続できるのです。その結果、年率10数％の運用が可能になります。

一般の人がマイナス28％になったら、運用を継続できなかったり、ストレスを強く感じることでしょう。ですから、イェール大学と同じリターンを目指すことはできないのです。多くの投資家は年率10数％のリターンを目指すよりも、最大損失を減らす運用が必要になることでしょう。

だからこそ、あなたに合った方法が必要なのです。特に**含み損をどれだけ許容できるか**

は重要です。

無理のないリターン目標はどのくらいか

では、どのくらいのリターンであれば無理がないかと言えば、**1つの目安は年平均利回り4％程度**です。

過去のさまざまなデータから検証すると、世界の資産に分散した場合、４％前後で資産運用の目標を立てることが合理的です。

ただ、それを自分で決めていくのは、とても難しいものです。自分に合った方法と言っても、自分にどんな方法が合っているのかを判断するのは簡単ではありません。将来のことはわからないことが多いからです。

たとえば、自分の10年後の収入なんてわからない人がほとんどではないでしょうか。すべて自分で考えていくには、税金の知識など、資産運用以外の知識も必要です。これからマイホームを購入するのであれば、住宅ローンを組む必要もあります。住宅ローンは、返済方法によっても負担は大きく変わります。

あるいは将来、親の介護が必要になるかもしれません。自分で目標を立てることはできても、前提条件や仮定を積み上げるのはなかなか難しいのです。

また、人間は調子のいいときには「もっと高いリターンの商品があるのではないか」と考え始めます。最初は5%で運用できれば十分だと思っていても、3年連続で10%儲かってしまうと、15%・20%を求めてしまいます。

逆に相場が悪いときには過度に悲観的になり、考えることをやめてしまう人が多くなります。どうしても客観的でい続けるというのは難しいのです。

人は、自分と無関係な人に対してはとても客観的に判断ができますが、自分と関係が深くなってくると主観的な部分が多くなります。さらに自分のこととなると客観的に判断することは最も難しいでしょう。

それらの問題を解決するのがファイナンシャルアドバイザーです。

運用している資産の〝売りどき〟はいつなのか

お客様からは、「長期投資が重要なのはわかったが、ではいつ売却するのか？」というご質問をいただきます。将来のことなので柔軟に対応していく必要があり、決まった期限というのはないと言えます。

ただ、あえて言うならば〝目標を達成したとき〟や〝どうしても資金が必要なとき〟とお伝えしています。重要なことは、マーケットが高いなどの理由で売却する必要はないということです。あくまで長期の目標を見据えて運用を継続しましょう。

フィンテックは使い方次第

金融の世界では、フィンテックが話題になっています。フィンテックはさらに発展して、資産運用のアドバイスも手軽で安価にできるようになるでしょう。

もちろん、付加価値のないものはどんどん安くなればいいですし、私たち**ファイナン**

シャルアドバイザーは、人間にしかできないものを提供していくことになります。ただ、テクノロジーが有益かどうかは使う人によって変わります。

たとえば、２０００年代以降、ＦＸ取引はネットを通じて安い手数料で簡単に取引ができるようになりました。しかし、そのことによって自分の人生が豊かになった人はどれくらいいるのでしょうか。あまりいないのではないかと思います。

また、ネット証券の普及で、株式の取引も同様に身近なものになりました。株式の売買手数料は各社の競争でどんどん安くなりました。それは間違いなく投資家にとってメリットです。

しかし、ネットの普及で手数料が安くなったからといって、劇的に運用成績が改善した投資家がどれだけいるのでしょうか。対面だろうとネット取引だろうと短期売買を繰り返している投資家のほとんどは、どのみち大きな利益を享受できていないのです。

フィンテックの発展は利便性向上につながります。しかし、**利便性向上と人の幸せは必ずしも一致しないし、利用する人次第**ということでしょう。

逆にフィンテックでは難しく、人間にしかできないこともあると考えています。それは何でしょうか？

ネット証券で積立をしている人は、3年で50％がやめてしまいます。しかし、対面で取引している場合、やめる割合はとても低いのです。

対面の場合、解約する割合が低いのにはさまざまな理由があります。1つはファイナンシャルアドバイザーが止めてくれることです。解約することがいかに非合理的であるかを説明して、お客様が納得すれば解約を踏みとどまらせることができます。

あるいは、定期的なフォローもあるので、安心して任せているという人も多いでしょう。

これはテクノロジーだけでは解決できません。

投資信託選びをＡＩで行うロボットアドバイザーが浸透し始めていますが、まだまだ発展途上です。いまの段階は非常に定量的な話だけで終始しています。簡単な質問を5つぐらいするだけでポートフォリオを決めてしまいます。**これは乱暴な話です。**

それだけでパーソナルゴールを決められるはずはありません。もっと丁寧に行う必要があります。あなたのことをもっと理解して、感情面まで考えてアドバイスをしてくれなければ、途中で解約してしまうことになります。

この点は人が介在しなければ難しいでしょう。

日本人はギャンブル好き？

日本人は投資が嫌いだと言われますが、むしろ逆ではないかと私は思っています。その証拠にＦＸの年間取引額は５０００兆円で世界1位です。ビットコインも２０１７年９月18日時点で通貨別取引額を見ると日本円が47％を占めていました。

つまり、日本人が最も積極的なのです。投機的とも言えるほどです。これは、利便性や低コストが悪い方向に使われているのではないかと思います。

ＦＸの業者がたくさん出てきて「ワンクリックで注文できます」とか、金融商品の取引にイノベーションが起きているわけですが、必ずしもいい方向に向かっているとは思えません。

先ほどのロボットアドバイザーにしても、本当にコストは低いのでしょうか。いくつかの質問をしてポートフォリオを作るだけで手数料は約１％です。はたしてその価値があるのでしょうか。

日本ではまだ認知度が低いＩＦＡ

ＩＦＡはIndependent Financial Advisorの略で独立系のファイナンシャルアドバイザーを意味します。弊社もその１社です。

特定の金融機関に属さず、独立の立場で顧客の資産運用のサポートを行います。日本のＩＦＡは、内閣総理大臣の登録を受けて証券会社と業務委託契約を結び、株や債券、投資信託などの売買の仲介を行います。

日本では２００４年からＩＦＡの登録ができるようになりました。すでに14年が経過したわけですが、残念ながら認知度はまだまだ低いのが現状です。

ＩＦＡは２０１７年12月末現在で法人・個人を合わせて８５８業者が登録されています。人数にすれば３０００人ほどが活動しています。米国では30万人に達していますので大きな差があります。

日本と米国の差はどこにあるのでしょうか？

これまで日本では、税理士事務所、会計事務所、保険代理店などが本業以外に金融商品仲介業を行うケースが多かったのに対して、米国では運用関係の業務を長年経験した人がＩＦＡになることが多いようです。

ＩＦＡを通じて金融商品を購入する場合、お客様はＩＦＡが業務委託契約を結んでいる証券会社を通じて発注・購入をします。ＩＦＡ業者に口座を作るわけではありません。

ＩＦＡの取扱商品は、業務委託契約を結んでいる証券会社によっても異なりますが、基本的に国内外の上場株式、国内外の債券、オーダーメイドの仕組債、投資信託、積立投資信託など、証券会社で取り扱う投資商品は揃っていることが大半です。保険商品を扱っている業者も多くあります。

口座は個人名義だけでなく、法人名義でも開設できます。

人生に必要な３人の友とは

米国では、人生に必要な３人の友は弁護士、医師、ファイナンシャルアドバイザーと言われています。法律的なトラブルに巻き込まれたとき、自分で六法全書を開いて裁判を起こす人はいません。病気のときも同じです。自分で調べて手術をする人はいません。弁護士や医師に任せます。

資産運用も同じです。プロに任せたほうがうまくいくのです。それだけ、専門知識が求められます。

しかし、なぜか多くの人が資産運用は自分でできると考えています。少し考えれば無謀なことだとわかるはずです。

たとえば、野球好きの人であっても、プロ野球の選手と勝負をする機会は一生ありませんし、機会があっても負けるとわかっています。しかし、資産運用の世界は、いきなりプロと同じ土俵で戦うことになるのです。株価をパソコンで見ていても、誰が取引をしているかわからないから気づいていないだけです。

素人がプロに挑戦しても負けるのは目に見えています。

しかし、日本ではなかなかＩＦＡが普及しません。それは私たちファイナンシャルアドバイザーにも責任があると思います。いまだ玉石混交でファイナンシャルアドバイザーによって、能力の差が大きい面があります。

また、金融機関がこれまで個人投資家との情報格差を利用して、利益を上げることに熱心だったこともあるでしょう。それによって金融機関に対する投資家の信頼が揺らいでいたのも事実です。

米国でも金融機関の不祥事が相次ぎ、そのたびに金融機関の販売姿勢が非難されてきました。しかし、いまはどんどん時代が変わっているのです。資産アドバイザーも投資家に対してセールスをする時代から、長期にわたってコンサルティングをする時代がようやく米国では訪れました。

金融の世界では、米国で起こったことは20年後に日本で起こると言われています。私は20年後には日本でもＩＦＡが最も投資家から支持される存在になれると思っています。

ＩＦＡがカバーする業務の範囲は広い

資産家の場合には、資産の中身を不動産や自社株が占めることが大半です。そうなると、複雑です。不動産は金融資産に比べて流動性がありません。投資信託や株式などの資産と比べて換金性が低いので、全体的なバランスをどう取るのかが難しくなります。

また、日本人の金融資産は、60歳以上で60％、50歳以上では80％を保有していますから、資産の多くを中高年の方が持っていることになります。

とすると、資産運用とともに資産承継も考えなければなりません。

ファイナンシャルアドバイザーは、これらをすべて把握した上で全体資産の最適化を提案しなければならないのです。


子ども世代からすれば、親の問題もあります。

地方に実家がある人は「もう戻る予定はないのに実家を引き継いだけど、どうしようか」など、さまざまな悩みがあります。固定資産税を払い続けても保有しておいたほうがいいのか、あるいは売却して現金化したほうがいいのか、資産運用と言ってもさまざまな専門領域が関わってきます。

弊社のアドバイザーは、自分たちは運用のプロではないと考えています。**お客様のプライベートゴールを達成するための全体最適を考える「アドバイザーのプロ」**だと考えています。金融資産だけとか、不動産だけといった資産の一部のみを見ることはしないのです。

金融資産や不動産、リスクに対する保障などは別々に考えるのではなく、全体を見て最適化していく必要があります。お客様の「資産の全体最適化」アドバイスができるファイナンシャルアドバイザーが、いま求められています。

日本のIFAの可能性と課題

米国ではIFAは大手証券を凌駕する規模にまで成長しました。

日本でも同様に数10年後にはIFAが大手証券会社を超える規模にまで達することができるでしょうか。

私は、可能性はある、と考えています。

一般的には、病気になれば医者に行き、裁判になれば弁護士に依頼します。自分で1から勉強して手術や裁判に臨む人などいないでしょう。しかし、資産運用について日本人は、自分で1から学ぼうとしています。

自分で学ぶことは良いことです。しかし、それによって手術や裁判や資産運用に失敗しては、元も子もないのではないでしょうか。ですから、専門家の見識や経験は利用するべきなのです。

日本はモノに対価を払いますが、サービスに対価を支払うことは一般的にはなっていません。こうした意識が変わり、良いサービスを評価してくださるようになればＩＦＡの成長につながることでしょう。

しかし、専門家に相談するにしても、相談する相手を選ぶ必要があります。

本書では長期投資（良いポートフォリオを長期間保有し続けること）の重要性を説いてきました。つまり、相談相手も長期的な視点でアドバイスをしてくれるアドバイザー（または会社）でなければお客様と利害が一致しません。

こうした点に米国の投資家は早くから気づき、利害関係の一致する方針を取るＩＦＡを相談相手に選んできたのです。

では、日本のＩＦＡの課題は何でしょうか。

それは、長期思考の投資アドバイスを行うＩＦＡがまだまだ少ない点です。米国のようにゴールベースアプローチに従い、長期投資のアドバイスを行うＩＦＡがもっと多くなることが重要です。

日本に長期投資の考え方が根付けば、ＩＦＡは米国同様に発展していくことでしょう。そのために、本書が投資家の皆様の長期投資への理解を深める一助となれば幸いです。

第７章のまとめ

- 日本人が長期投資を実行できない理由は、以下の通り。
  - ① **目標がない。**
  - ② **非合理的な行動をする。**
  - ③ **期待リターン概念がない（コラム⑦で解説）。**
- 米国ではファイナンシャルアドバイザーは、医師や弁護士と並ぶ専門職として認知されている。
- 資産の全体最適化や、非合理的な行動を抑制するために、アドバイザーの存在は有意義である。

column 7

期待リターンとは？

「期待リターン」という言葉を知る

株式や債券はそもそも投資する価値があるものでしょうか。先に結論を言うならば、長期保有すれば価値があります。

なぜかと言いますと、世界の株式や債券を長期で保有することは、「期待リターン」がプラスになるからです。期待リターンという聞き慣れない言葉が出てきました。「なぜ株式や債券は期待リターンがプラスなのか」を理解することは、長期資産形成を行う中で極めて重要です。

それでは、「期待リターン」についてわかりやすく説明していきましょう。

期待リターンとは、「投資対象（株式や債券）に対して将来にわたり期待できる平均的な収益率」のことです。

図52　期待リターンとは？

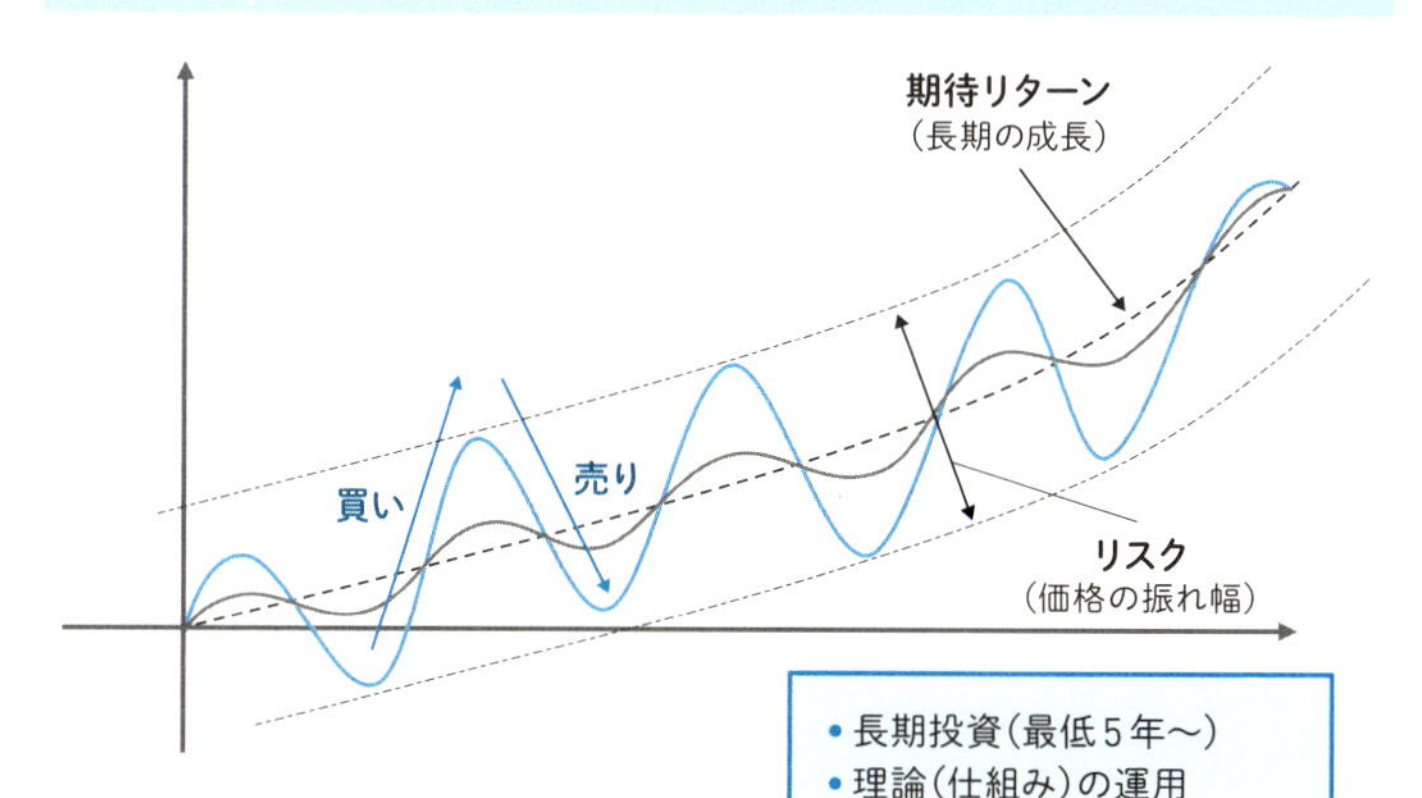

出典：イデア・ファンド・コンサルティング

たとえば、青色の線のように価格変動する株式などの投資対象があるとしましょう（図52）。

価格が上昇したり下落したりしますが、上昇や下落のバラツキの平均線を引くと黒い点線になります。これを期待リターンと呼びます。

期待リターンがマイナスの資産とは

「期待リターンがプラスの資産」とは、全部買って長期保有すればプラスになるもののことです。逆に期待リターンがマイナスのものとは、全部買ったら絶対損をするものです。

図53　宝くじで集まった資金は何に使われるか？

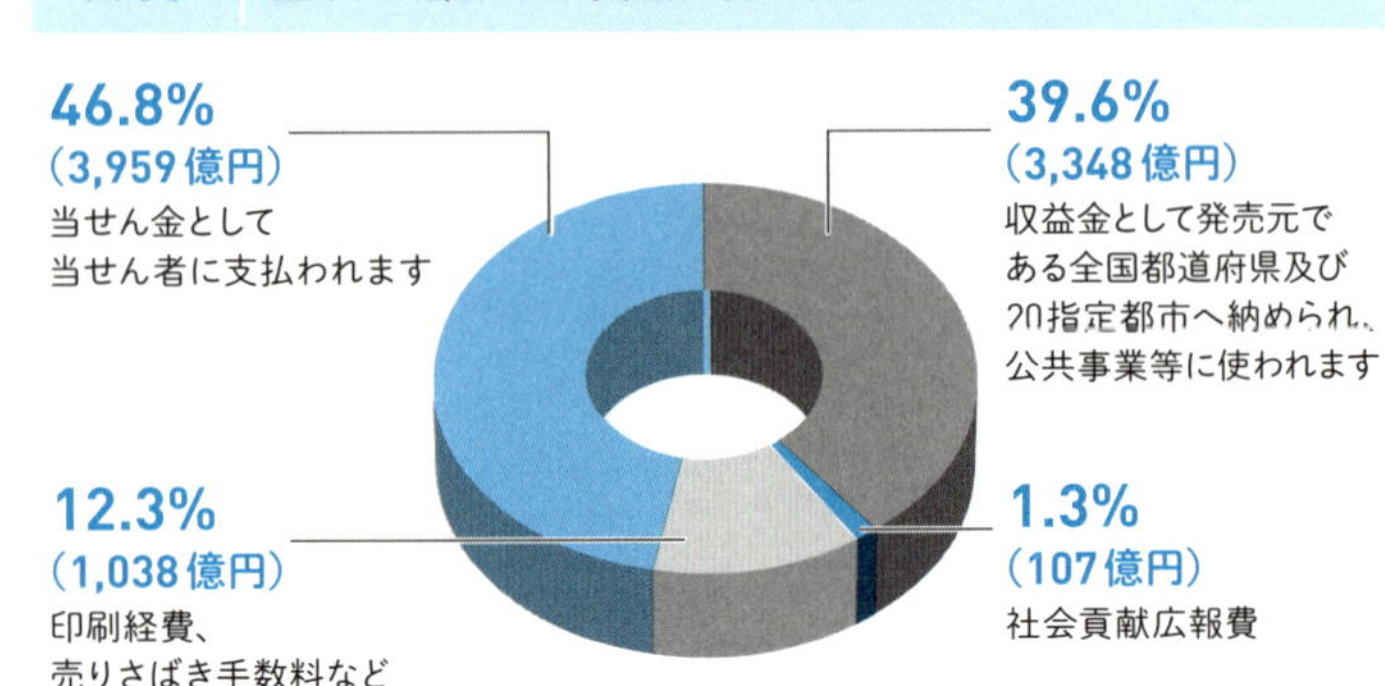

出典：宝くじ公式サイト

販売実績額　8,452億円（平成28年度）

「期待リターンがマイナスになる資産」の代表例は宝くじや競馬です。

仮に宝くじを全部買ったらどうなりますか？　1等も絶対当たりますが、トータルでは絶対損しますよね。宝くじは集まった資金から経費や公共事業費などに割り当てられ、約半分の資金が当せん金として支払われます（図53）。ですから、全部購入すると投資額に対して約マイナス50％になります。

これを期待リターンがマイナス50％の資産という言い方をします。

期待リターンとは、「投資対象（株式や債券）に対して将来にわたり期待できる平均的な収益率」でした。

宝くじに置き換えて説明すると、「宝くじを毎年購入した場合の、将来にわたり期待できる平均的な収益率」です。宝くじを毎年全部購入すると投資資金の約50%を損します。毎年損をする金額(率)も一定ですから、「平均的な収益率」もマイナス約50%です。

ですので、宝くじで儲けようと思うと、一部だけ購入しないといけません。結果は当たるか外れるか、運ですよね。これをギャンブルと言います。

ただ、このギャンブルには「夢」があります。宝くじは夢を買うギャンブルということになります。ギャンブルだから、資産形成や資産運用には向かないわけです。

期待リターンがプラスの資産に投資するとは

続いては、期待リターンがプラスの資産について説明します。

まずは債券についてです。

債券は発行体(国や企業)が潰れない限り利息をもらいながら、満期時に元本が戻ってくるものです。短期的には価格変動もありますし、なかには大企業でも潰れる会社もありますが、世界の債券に分散して長期で保有すればリターンはプラスになります。

次は株式についてです。

「世界中の上場企業の株式を長期保有すれば期待リターンはプラスになる」という考え方に納得できるでしょうか。この考え方を理解し、信じることができないと、長期資産形成は難しくなります。

株価というのは、企業の価値を金額で表したものです。企業の価値が上がれば株価は上昇します。

ではどうすれば、企業の価値は上がるのでしょうか。毎年利益を出して、預金や不動産などさまざまな形で会社のお金（純資産）を貯めていくことが企業価値の向上につながります。

逆に毎年赤字を出して、いままで貯めた純資産がどんどん減っていく場合には、企業の価値は下がっていきますので、株価も下がります。

個別の企業では業績が良い会社もあれば、赤字の会社もありますが、日本中の全上場会社一社一社の利益を足し合わせていくと、毎年利益を出しています（赤字になっていない）。企業の純資産は毎年の利益が出た分、加算されて増えていきます。

リーマンショックの年は上場会社全体の純資産は減りましたが、「１００年に１度の危機」の年以外は、おおむね毎年利益を積み重ね、企業の純資産は拡大しています。

世界の上場企業全体に当てはめて考えると……

資本主義経済にいる世界中の人々は不況でも好況でも、昨日より良い明日を目指して日々経済活動を行っています。さらに上場会社は、非上場の会社よりも、株主から利益を出し続けることを求められます。

特に、欧米では上場会社の社長は、赤字を毎年出すことは許されません。株主総会で社長の職をクビになってしまいます。

株式投資、つまり株主になるということは、まさにこの拡大する純資産のオーナーになるということです。

株価は短期的には、為替変動や政治情勢のニュースなどさまざまな要因に反応して変動します。しかし、長期的には企業価値によって決まります。世界中の上場している会社の株式を、長期で保有すれば資産価値も上昇していくという理屈です。

図54　S&P500指数と利益の推移（1960〜2017年）

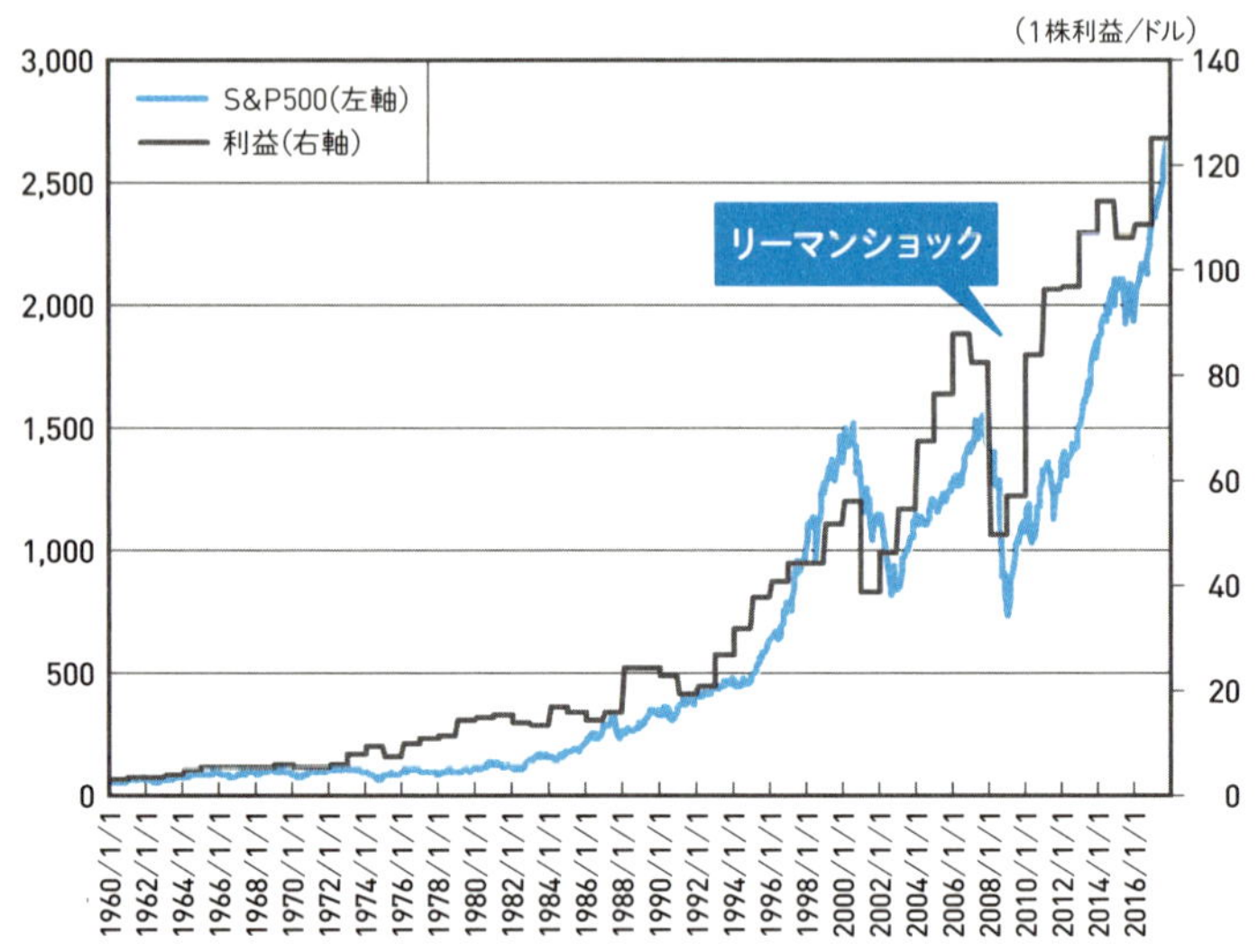

出典：ブルームバーグ、ニューヨーク大学よりFS作成

図54をご覧ください。１９６０年からの米国の代表的株価指数であるＳ＆Ｐ５００指数とＳ＆Ｐ５００に採用されている５００社の利益の総合計の比較チャートです。

企業が努力して利益を増やしていくのと同じように株価も上昇します。リーマンショック時は利益が急落しており、株価も同様に下落しています。短期的にはさまざまな要因に株価は左右されますが、長期的には企業の利益と株価は同じように変動すると言えます。

もちろん、米国にも不振の企業はあります。不祥事を起こして倒産した大型企業もたくさんありました。そうした個別銘柄の明暗はありますが、全体を合計するとリーマンショック時ですら利益を計上しています。

民間企業は自分たちで努力して利益を上げるための活動を続けます。世界中の株式や債券への長期分散投資は、「期待リターンがプラスの資産」への投資であり、資産形成や資産運用に適した資産ということになります。

これを理解しておかないと、運用はうまくいきません。一喜一憂する短期投資から長期投資を理解するためには、期待リターンの意味を知る必要があります。株式や債券は期待リターンがプラスの資産なのです。

いかがでしょうか。株式や債券は、「期待リターンがプラスの資産」ということを少しでもご理解いただけたでしょうか。

ここで注意点が1つあります。世界中の株式を買うことと言いましたが、長期運用が前提です。短期で世界中の株式に投資することは、期待リターンがプラスの資産にはなりません。あくまでも長期運用が前提であることを押さえてください。

参考文献

●『図解でわかる　ランダムウォーク&行動ファイナンス理論のすべて』田渕直也著／日本実業出版社／2005年

●『イェール大学CFOに学ぶ投資哲学』デイビッド・スウェンセン著／日経BP社／2006年

●『半値になっても儲かる「つみたて投資」』星野泰平著／講談社＋α新書／2010年

●『プライベートバンキング』上巻・下巻　公益社団法人日本証券アナリスト協会編／ときわ総合サービス／2012年

●『エンダウメント投資戦略――ハーバードやイェールが実践する最強の資産運用法』山内英貴著／東洋経済新報社／2015年

●『ゴールベース資産管理入門――顧客志向の新たなアプローチ』チャック・ウィジャー、ダニエル・クロスビー著／日本経済新聞出版社／2016年

●『行動経済学まんが　ヘンテコノミクス』佐藤雅彦、菅俊一、高橋秀明著／マガジンハウス／2017年

〈著者略歴〉
福田 猛（FUKUDA TAKESHI）
ファイナンシャルスタンダード株式会社　代表取締役
大手証券会社を経て、2012年に金融機関から独立した立場で資産運用のアドバイスを行うIFA法人ファイナンシャルスタンダード株式会社を設立。資産形成・資産運用アドバイザーとして現役活躍中。

2015年楽天証券IFAサミットにて独立系アドバイザーとして総合1位を受賞。

東京・横浜を中心に全国各地でセミナー講師としても活躍し、大好評の「投資信託選びの新常識セミナー」は開催数180回を超え、延べ8,000人以上が参加。新聞・経済誌等メディアでも注目を集める。

著書に『金融機関が教えてくれない　本当に買うべき投資信託』（幻冬舎）がある。


〈執筆協力〉
細田万平（HOSODA MAMPEI）
ファイナンシャルスタンダード株式会社　資産コンサルタント
F-Style編集長（ファイナンシャルスタンダードが運営する経済金融メディア）

鈴木頼長（SUZUKI YORINAGA）
ファイナンシャルスタンダード株式会社　ポートフォリオマネージャー

投資信託 失敗の教訓
――成功の秘訣は「相場を予測しない」

2018年 5 月28日　第一刷発行
2021年 9 月28日　第三刷発行

著　者　福田 猛
発行者　長坂嘉昭
発行所　株式会社プレジデント社
〒102-8641
東京都千代田区平河町2-16-1 平河町森タワー13階
http://president.jp　http://str.president.co.jp/str/
電話：編集 (03)3237-3732　販売 (03)3237-3731

編集協力　鮫島 敦　沖津彩乃 (有限会社アトミック)
構　成　向山 勇
装　丁　秦 浩司 (hatagram)
本文レイアウト・DTP　米谷 豪 (orange_noiz)
編　集　桂木栄一
制　作　関 結香
販　売　高橋 徹　川井田美景　森田 巌　末吉秀樹
印刷・製本　凸版印刷株式会社

ISBN978-4-8334-2282-6
Printed in Japan